带▶货短视频

运营、广告投放技巧及实战案例解析

茹秀萍 林小虎 王峰艳◎编著

化学工业出版社

·北京·

内 容 简 介

短视频带货作为如今电商营销的重要方式之一，深受广大创业者的青睐。但是，很多视频创作者面临着拍了带货短视频并发布后没人看、产品没人买的窘境。本书的目的就是要通过对短视频拍摄、内容创作、运营及剪辑的讲解，解决准备进入或者已经进入该领域但"身陷泥沼"的视频创业者的问题。

这些问题包括但不限于"账号的各种认证有什么作用？有何要求，如何认证？""带货视频有哪些类型？不同类型的创作思路是怎样的？"，以及"DOU+怎么投放更合适？"等，涉及内容创作者所关心的方方面面。最后通过对24个爆款带货短视频案例的分析与拆解，帮助各位读者将所学知识融会贯通，将各种技巧和方法应用到实际创作之中。

此外，本书还赠送各位读者800分钟剪映视频课程和230分钟抖音运营课程，让准备通过短视频带货赚取人生第一桶金的各位读者通过学习这一本书，就能拿到开启视频时代的"钥匙"。

图书在版编目（CIP）数据

带货短视频运营、广告投放技巧及实战案例解析 /
茹秀萍, 林小虎, 王峰艳编著. —北京：化学工业出版社,
2022.2

ISBN 978-7-122-40490-9

Ⅰ.①带… Ⅱ.①茹… ②林… ③王… Ⅲ.①网络营销
Ⅳ.①F713.365.2

中国版本图书馆CIP数据核字(2021)第263113号

责任编辑：李 辰 孙 炜　　　　　　　　装帧设计：盟诺文化
责任校对：王鹏飞　　　　　　　　　　　封面设计：王晓宇

出版发行：化学工业出版社（北京市东城区青年湖南街 13 号　邮政编码 100011）
印　　装：天津图文方嘉印刷有限公司
710mm×1000mm 1/16　印张 14¼　字数 338 千字　2022 年 4 月北京第 1 版第 1 次印刷

购书咨询：010-64518888　　　　　　　售后服务：010-64518899
网　　址：http://www.cip.com.cn
凡购买本书，如有缺损质量问题，本社销售中心负责调换。

定　价：78.00 元　　　　　　　　　　　　　　　　版权所有　违者必究

前言
PREFACE

目前最火爆的电商营销形式有两种，一种是直播，另一种就是带货短视频。相对于直播而言，短视频其实更适合作为视频营销新手的创业首选。因为它投入少、风险低，一旦内容被观众认可，还能够带来非常可观的收益。而本书的目的就是从短视频拍摄、内容创作、运营以及剪辑等角度，全方位教会读者如何录制出能够被观众认可的带货短视频。

一提到"带货短视频"，很多人认为就是将电视上的广告转移到了短视频平台上，无非就是购买更方便了。其实在短视频平台刚刚兴起时，直接做广告卖货还真行得通，因为当时优质的短视频内容比较匮乏。但到了今天，好内容一抓一大把，谁还愿意在抖音上看广告呢？没人愿意看，就没流量，又怎么能卖得出去货呢？

所以本书第1章，就是为了帮助各位读者对短视频带货的认识能跟上时代，理解"先内容，后带货"这一核心思想。只要内容做好了，有人愿意看你的视频，带货变现其实并不难。

有了对带货短视频的正确认识后，就要进入建账号、做内容、运营账号的工作中了。在此期间，一定会遇到各种各样的问题，就拿简单的账号类别来说，抖音上有实名认证、黄v认证、蓝v认证等，其中黄v认证又包含兴趣认证、职业认证等说法，这些认证都有什么门槛、什么要求，有什么作用？恐怕很多人都搞不清楚。为了解决从建号开始，到内容创作，再到运营的一系列问题，本书第2~5章对以上提到的所有内容进行了详细介绍，包括"如何让自己的账号在做营销内容时不被限流""带货视频有哪些类型""不同类型的带货视频的创作思路"，以及"如何通过抖音官方提供的数据进行运营"等，这些视频创作者感兴趣的内容都会在书中找到答案。

不得不说，短视频的发展已经度过了野蛮增长的阶段，想单纯靠内容、靠运营方式获得高速增长已经不现实了。而DOU+作为抖音官方的付费流量，经过笔者大量的投放经验总结，发现确实能推出爆款视频，也能够增加粉丝量，提速账号成长。因此，在本书第6章将向各位详细讲解DOU+的投放方法，让每一笔投放都能"值回票价"。

除此之外，在第7章和第8章，本书还分别介绍了"变现"和"视频拍摄"的相关技巧。由于"带货短视频"本身就是变现方式之一，所以在第7章中，笔者有意"宽泛"了"带货"涵盖的范围，希望能够给各位读者提供更多的赚钱思路。而视频拍摄部分则向各位读者介绍了用手机拍摄高质量短视频的方法，以期进一步降低各位读者的创业成本。

在了解了一系列与带货短视频相关的创作及运营方法后，很多人一时间不知道具体进行短视频创作时该如何运用。因此，本书第9章通过对24个成功带货视频案例的分析，来让各位读者感受优秀的带货视频是如何创作的，进而找到将所学的各种方法与实际创作相结合的最佳方式。

与此同时，本书还将赠送各位读者 800 分钟剪映视频课程和 230 分钟的抖音运营课程，进一步丰富本书内容，让各位读者通过学习这一本书，就能拿到开启视频时代的"钥匙"。

　　如果希望与笔者或者其他爱好摄影的朋友交流与沟通，大家可以添加客服微信 momo521_hello 与我们在线沟通交流，也可以加入摄影交流 QQ 群（群号为 327220740）与众多喜爱摄影的小伙伴交流。如果希望每日接收新鲜、实用的摄影技巧，还可以关注微信公众号"好机友摄影"，或者在今日头条、百度中搜索"好机友摄影学院"或"北极光摄影"，关注我们的头条号或百家号，以便大家一起交流，共同进步。

编者

目　录
CONTENTS

第3章 拍视频前先做好规划

第4章 带货视频内容为王

第5章 通过运营让内容体现价值

第6章 玩转抖音付费流量

第7章 带货视频变现技巧

第8章 爆火带货短视频这样拍

第9章 成功带货视频案例分析

第1章

了解带货视频的前世今生

全民视频带货时代即将到来

几年前，"微商"还是一个新鲜词儿。但如今，打开微信朋友圈，大多数都在推广自己的产品。再看看自己周围，肯定会有一些正在做或者曾经做过微商的朋友。

而现在的短视频带货其实就如同几年前的"微商"，有人在做但做得还不多，因为相比微商而言，短视频带货的门槛要高一些。这既是挑战也是机会，从现在开始做短视频带货，一定比几年后再做更容易成功。因为未来几年，一定会有越来越多的人涌入这个领域。

短视频平台依然处于高速发展期

以抖音平台为例，据《2020抖音数据报告》显示，抖音日活跃用户已经突破6亿，日均视频搜索次数突破4亿，如图1所示。短视频在人们的生活中扮演着越来越重要的角色。而为了满足用户多种生活场景的需要，抖音、快手等平台也在不断完善社交、电商、直播、搜索等服务。因此，短视频平台的上升势头仍在持续，并且与日常生活联系得更加紧密。

短视频平台的高速发展，同样带动了其他产业，如电商、教育、游戏等。就目前来看，作为流量宣传与广告媒介，短视频的战略地位愈加重要。随之而来的是短视频平台强大的变现能力，2020年，抖音变现额超过100亿元。

而以抖音、快手为代表的短视频平台，其市场规模仍在继续扩大，因此，短视频仍然处于"青少年时期"，现在入局，为时不晚。

电商基础逐渐完善

短视频变现的众多渠道中，电商是非常重要的渠道之一。无论是短视频带货还是直播带货，都需要一定的电商基础才能够让变现更容易。将抖音平台和淘宝平台作对比，由于淘宝平台具有强大且成熟的闭环电商系统，所以其直播带货变现额在初期远超抖音和快手等短视频平台。

正是由于电商基础薄弱，让手握巨大短视频流量的抖音和快手有力使不出来。而随着抖音、快手小店的上线，短视频平台的电商基础得到大幅补强，如今不用跳出App，即可完成商品购买，如图2所示。这对于主要为"冲动消费"的短视频带货而言至关重要。观众用更短的时间、更少的点击次数，即可完成付费，从而有效提高转化率。

▲ 图1

▲ 图2

一部手机就能拍带货短视频

带货短视频的门槛与微商相比虽然要高一些，但是在视频领域而言，其门槛已经相当低了。即便是没有任何视频拍摄和剪辑基础的"小白"，也可以通过学习本书第3章和第4章，对基础的手机拍摄和剪辑方法有一个基本了解，各位读者认真学习后，并实际上手拍摄、剪辑2~3个成片，就可以独立制作带货短视频了。

如今，手机几乎是人手一部，学习手机视频拍摄与剪辑也并不困难，所以无论从硬件成本还是学习成本来说，带货短视频都是白手起家、低投入创业的不错选择。再加上随着手机视频拍摄能力的不断提高，以及剪映功能的不断完善（如图3所示），即便是拍摄高质量带货短视频，也完全可以通过一部手机就能搞定。

◆ 图3

无须资源积累随时可入局

得益于短视频平台独有的推送机制，不需要有粉丝积累同样可以创作出爆款视频。因此，即便没有资源的积累，只要内容足够精彩，能够吸引观众，就可以快速从初建小号成长为头部大号。所以，短视频行业的回报周期非常短，只要有投入，就会在很短的时间内看到回报。而且根据回报的多少，可以快速判断当前的模式是否有发展前景，大大减少"试错"所要付出的成本。

此外，短视频带货无须考虑仓储和物流的问题，这又进一步减少了对资源积累的要求。创业者只需要利用短视频平台完善的分销体系，如抖音官方带货平台"巨量百应"，在短视频中加入产品链接，如图4所示。只要观众通过该链接购买了商品，后台即会自动为你结算。

因此，只要带货短视频有流量，哪怕自己手中没有一件商品，通过达人分销体系同样可以赚得盆满钵满。这也说明了入局短视频带货，唯一需要关注的就是流量，有了流量，通过平台自有资源就可以轻松变现。

◆ 图4

5G及物流对视频电商的影响

如果没有高速的移动互联网和服务水平越来越高的物流行业，短视频带货也不会像现在这样站在潮流的风口上，并在一定程度上改变了人们的购物方式。

5G互联网对视频电商的影响

早在2013年，有一款名为"微视"的App上架应用市场，可以上传8秒的短视频，这可能是国内最早出现的短视频，但在当时，不但网速慢，流量也很贵，人们基本上只有在有Wi-Fi的情况下才会去看视频，所以网络技术的落后，阻碍了当时短视频的发展。

但随着4G时代的到来，网速快了，流量便宜了，人们在地铁上、公交上或者排队等餐馆叫号时都可以打开手机看视频，也就促成了短视频平台的高速发展。

如今5G时代正在向人们走来，虽然普及度不高，也没有过多相关次生技术的应用，人们好像觉得5G可有可无。但仔细想一想，之前大家也是这么看待4G的。因此，5G的普及是迟早的事，那么更高速的网络势必会对因特网环境下的所有产业形成激励作用，而短视频产业必然位于被利好的行列之中。

物流对视频电商的影响

其实不仅仅是视频电商，对于整个电子商务领域的发展而言，物流行业服务水平的提升都对其有明显的促进作用。这源于影响人们网络购物体验的重要因素之一——时效性，而时效性也是网络购物与实体店购物相比存在的明显短板之一。京东之所以不惜斥巨资，并且在承受多年亏损的情况下坚持发展自有物流业务，在一二线城市做到次日达（如图5所示），就是为了弥补网购时效性差这一短板。而事实也表明，这个做法是正确的。

那么对于视频带货而言，高效的物流服务势必会让更多消费者得到更好的购物体验，从而在大环境上让更多的观众愿意通过短视频下单购买。

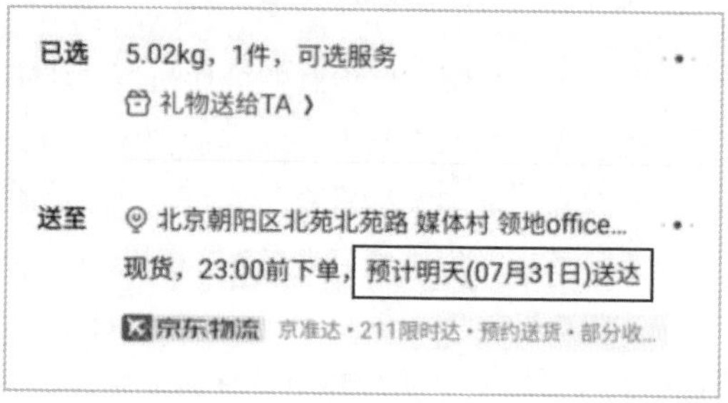

已选　5.02kg，1件，可选服务
🎁 礼物送给TA 〉

送至　⊙ 北京朝阳区北苑北苑路 媒体村 领地office...
现货，23:00前下单，预计明天(07/31日)送达
📦京东物流　京准达・211限时达・预约送货・部分收...

▲ 图5

带货视频相比直播带货的优势

虽然目前来讲，最佳的带货方式是短视频+直播带货。但对于刚刚进入视频带货领域的创业者而言，更推荐将重心放在短视频带货上，原因有以下3点。

带货视频的准备周期较短

带货视频与直播带货相比，其准备周期较短，主要原因在于，一个带货视频只需要介绍一款产品即可；而一场直播带货则需要准备多款商品。

此外，一个带货视频时长，短的20秒以内，长的最多1分钟左右，所以其准备脚本的工作量相对较小。而一场带货直播时长，短的也在2个小时左右，而长的一般时长都会达到4小时。那么在这么长的时间中说什么，如何展现出产品特点，都需要在直播前准备好，其工作量比较大。

带货视频的门槛更低

带货视频与直播带货相比，门槛更低，原因主要有两个，一个是"人"，另一个是"设备"。

对于人的门槛主要在于表达能力和表演能力。

在表达能力方面，录制短视频时，因为不会即时面对观众，所以哪怕台词说得不流畅，甚至说错了，也没有关系，可以再录第2遍、第3遍、第4遍……只要最终呈现给观众的视频是完整的、流畅的，能够表现出最佳的自己，就没有问题。

但在直播过程中，如果表达不够顺畅，对产品的介绍不到位，则会被观众全部看在眼里，自然会导致直播间流量不高，带货效果不好。

在表演能力方面，因为录制短视频时周围很可能没有其他陌生人，所以经过多次尝试，总会有状态不错，能够解放自我的时候。

▲ 图6

但在直播过程时，没有经验的主播往往会放不开自己，在镜头前会显得拘谨、紧张。这样的情绪和状态会让观众感觉不舒服、憋闷。而李佳琦等直播达人之所以直播做得那么好，其中一个重要因素就是他们善于在镜头前表现自己，让观众感觉看的是一场"秀"，而不仅仅是在卖货，如图6所示。

当然，无论是表达能力还是表演能力，都可以通过后天培养来提升，但这就对内容创作者提出了更高的要求。

设备方面，虽然看起来做短视频和做直播都只需要一部手机。但事实上，做直播对于网络、场地以及收声设备的要求会更高。以网络为例，做短视频没有持续上传画面的需求，所以普通家用网络再加上百元左右的路由器足以。但为了让直播时刻保持流畅，高上传速率的专线网络几乎是必须的。如果用手机直播，为了保证网络稳定，还需要手机和路由器均支持wifi6。而一台支持wifi6的路由器，其价格至少在300元以上。

综上，当个人能力和设备条件还无法达到做直播的要求时，尝试从带货视频做起是较为推荐的起步方式。

低成本就能带来高收益

带货短视频的低成本主要表现在其时间成本较低，虽然录制并剪辑一段精彩的带货短视频可能需要半天甚至更长的时间，可一旦获得了不错的反响，就能在一个星期左右的时间内持续获得流量，得到曝光。因此，当其时间成本被分摊到每一天得到的播放量、增加的粉丝数及订单转化上时，就变得比较低了。

但对于直播而言，只有直播过程中才能获得曝光和粉丝及订单转化。如果需要实现与带货视频相同的曝光量，其耗费的时间要远远多于制作短视频的时间。尤其是在创业初期，在粉丝数量不多，没有建立起口碑时，花费相同的时间，直播的收益与短视频相比更是微乎其微。

带货视频相比直播带货的劣势

正如上文所说，目前最佳的带货方式依然是短视频+直播带货，所以短视频也有需要通过直播带货进行补足的短板。下面分析短视频带货与直播带货相比的三大劣势。

粉丝黏性相对较差

由于短视频的时长较短，所以通过其吸引到的粉丝往往只是在那一刻，对某个视频的内容或者产品感兴趣就关注了，而对内容创作者其实并不了解。那么就有可能出现内容创作者后续发布的视频内容，其并不感兴趣的情况。类似这种粉丝，黏性就比较差，很可能无法得到订单转化，并随时有取关的可能。

但对于直播带货而言，由于主播会在一定时间内持续输出内容，观众会更加了解这个主播的风格。而一旦在更了解的情况下关注了主播，就会在今后的时间里关注其售卖的每款产品。只要其中偶尔出现粉丝感兴趣的产品，其粉丝黏性就会越来越强。

比如李佳琦、罗永浩这类头部带货主播，其粉丝黏性就是通过一场场风格明确的直播不断累积的，而绝不是通过短视频积累的。

带货视频对内容创意要求更高

对于直播带货而言，能否吸引观众，主要在于选品、价格和人格魅力。所以直播带货的内容和形式基本上是千篇一律的，不是主播和小助手，就是和请来的嘉宾一起介绍产品。但对于带货视频而言，内容上没有创意则很难吸引观众的目光。并且由于粉丝黏性较差，一旦内容质量降低，播放量就会直线下降。

带货视频的带货效果不如直播稳定

由于每个带货视频只能介绍一种产品，所以当该产品不受欢迎或者内容制作不佳，没有激发观众的购买欲时，就会导致该视频的收益非常低。但一场带货直播的货品数量通常在十几甚至几十件，如图7所示，其中几件没有达到很好的转化效果也无伤大雅。

也正因为带货视频存在商品单一、带货效果不稳定的问题，所以在第一单DOU+投放后发现热度不高，则应该果断停止投放，及时止损，将更多的资金放在之后爆款视频的宣传上。

美妆类：

1.Minon氨基酸保湿补水面膜 历史161/12片

2.爱伽丝防晒喷雾 历史58/瓶、108/2瓶

3.芭妮兰小蛋糕粉扑 历史70/3包

4.适乐肤神酰C乳 历史148/473ml赠同款88ml+20ml*2

5.希思黎全能乳液

6.娇韵诗黄全双萃精华

7.娇兰金钻粉底液

8.樱桃小丸子卸妆巾

美食类：

9.华味亨每日坚果 历史49

10.来思尔摩菲水牛奶 历史74. 6/20盒

11.蓝罐曲奇饼干

12.花满楼黑糖

▲ 图7

带货视频不能只为"卖货"

现在的观众对于视频内容都很挑剔，尤其是一些广告气息太重的视频，大概率会直接被"刷走"，自然得不到良好的播放量和收益。因此，做带货视频时，不能只想着"卖货"，而要用内容征服观众，让观众感受到植入的广告产品是创作者真心推荐的。

"种草"比"卖货"更重要

所谓"种草"，其实就是把商品分享推荐给另一个人，让另一个人喜欢这件商品的行为。在带货视频中，如果可以让观众喜欢上这件产品，哪怕没有进行购买，也会有很大的概率关注该账号，并期待下一期视频所推荐的商品。随着视频的不断推出，已经被成功"种草"的观众迟早会在视频中下单购买。

另外，当被"种草"的观众越来越多时，粉丝数量和粉丝黏性都会随之增加，从而可以去接一些大品牌的广告，赚取推广费用，增加变现渠道。所以对于带货视频而言，不要急于求成，要先让观众喜欢上你所介绍的产品。

提高"种草"成功率的3个方法

既然"种草"如此重要，那么如何提高"种草"的成功率呢？下面介绍3种方法。

推荐自己真心喜欢的商品

如果是自己不喜欢的商品，在强行推荐时，多少会有些没有底气。而且因为不喜欢，所以对产品的了解程度也不够，产品所拥有一些真正优势的亮点也得不到突出，从而导致"种草"失败。

另外，除非是演员，否则在种草不喜欢的商品时，也不会达到很好的状态。视频中人物的情绪不够激昂，也难以形成转化。

而对于自己真心喜欢的商品而言，无论是在介绍时的状态，还是在内容中融入使用产品时的细节，都会感染观众，让观众产生购买欲。

呈现产品的价值

"呈现产品价值"并不是简单地介绍商品价格，而是通过视频中的实际使用演示，或者情节设计，以及高质量的视频拍摄与后期，来表现出商品能解决的问题，以及产品的质感。当产品正好能解决观众的某个痛点，并且又展现出不错的质量时，自然会提高"种草"成功率。

营造环境进行"种草"

对于一些在特定环境下才会体现出价值的产品，不但要在视频中营造相应的情节进行产品介绍，还要在现实中相应的时间段进行视频带货。

以"惊喜盒子"这种产品为例，在视频创作时，就要营造出会用到惊喜盒子的场景，比如朋友间送礼物，或者聚会时的一个特殊环节等。除此之外，如果是在情人节前几天，很多观众正在准备礼物时发布该带货视频，"种草"效果会更好。

玩转带货短视频要有流量思维

通过转化率理解流量思维的重要性

所谓"转化率"，在短视频运营中经常会被提到，其实就是一个逐级缩小的概念。

比如说获得了10万的流量，意味着短视频平台将视频推送给了10万人。但是这10万人中有多少人会去观看，取决于短视频标题、封面及IP人设等各方面因素。

这些因素会导致在这10万人中，可能只有5000人打开视频观看；而在这5000人中，可能只有1000人完整地观看了视频；最后在这1000人里面，可能只有100人会去下单，购买视频中推荐的产品。

而从10万人到5000人，再到1000人，最后到100人，每一层的比值其实就是转化率。当10万人看到了这条视频，转化成100个人下单购买，那么下单购买的转化率就是1‰。想要提高转化率的数值，其实并不容易，这往往需要大幅提升视频的质量。但流量的提升则相对简单，可以通过增加视频传播渠道或通过付费流量来实现。

因此，无论做哪一个平台上面的短视频，赚钱的核心思路之一就是尽量让更多的人看到我们的视频，也就是说在转化率没有太多变化的情况下，通过获得更多流量，增加成交数量，进而提高收入。

理解短视频平台的推荐算法

日常生活中，经常会看到这样一些文章，就是有一些做了很多短视频的小伙伴，突然某天出现了一个观看量上千万的爆款。但当按照同样的思路再去做视频时，却没有爆款出现。这时就会产生一个疑问，为什么爆款视频无法进行批量复制？

要理解这个问题，就必须要从短视频平台的推荐算法说起。

一个视频在发布以后，首先平台会按照这个视频的分类，将其推送给可能会对这个视频感兴趣的一部分人。例如发布了一个搞笑带货视频，此时平台就会从他的用户库中随机找到500个对搞笑视频感兴趣的人群进行推送。如果这500个用户对这个搞笑视频都非常感兴趣，不仅看完了整个视频，而且还会同视频的发布者进行热烈的讨论、互动、点赞和转发。此时，平台就会认为这是一个优质的视频，从而把它推送到下一个流量池，这个流量池可能就是3000个对搞笑视频感兴趣的人，如图8所示。

而此时会出现两种情况，一种是这3000个人中大部分不仅看完了整个视频，而且还同视频的发布者进行了热烈的讨论、点赞、转发和收藏，如图9所示，那么这个视频将会被推荐到下一个更大的流量池，比如5万这样的一个级别，并按照同样的逻

▲ 图8 随着流量池的不断扩大，就可能出现点赞百万级的视频

辑进行下一次分发，最终可能会出现一个流量达到数千万级别的爆款视频；但如果在3000人的流量池中大部分人没有看完这个视频，而且没有产生互动、转发和收藏，那么这个视频就不会被再次推送，因此它的浏览量也就止步于3000。

当然，这里只是简单模拟了各个视频平台的推荐流程，实际上在这个推荐流程中，还涉及很多技术性参数和操作技巧，但从这个流程中也基本上能够明白，一个视频在刚刚发布的初期，用户的观看操作（如是否看完、是否点赞、是否转发、是否评论、是否收藏）直接关系到这个视频能否成为一个爆款。因此，视频能否成为爆款是存在一定的偶然性的。

比如精心制作了一个视频，这个视频在发布时由于时间点选择得不太好，大部分人都在忙别的事情，导致没有时间去仔细观看而匆匆划过，那么即便内容再好，也不会成为爆款。

高流量视频往往需要天时、地利、人和

△ 图9 大量的评论也可以为视频带来更高的推荐量

抖音上之所以很多人都在说发第2遍会火，其实就是在赌概率。有些人甚至会在一个视频发布后不火的情况下，把这个视频删掉（删除操作如图10和图11所示）或者隐藏，然后进行非常小的修改后，再次发布。如果仍然不火，再次修改，再次发布，这种操作可能重复3~4次，甚至4~5次。

其实，从一个娱乐圈的事件也能够看出来，发布时间节点对于视频是否火爆会产生怎样的影响。经常看娱乐消息的人可能经常会看到汪某抢头条这样的热搜。

作为知名歌手，汪某的名气不可谓不大，尤其是他的爱人还是一个国际明星。但是很多次关于他的消息都没有办法获得娱乐头条，或者说是新闻头条，就是因为每次出现他的消息时，总有一些更大的事件发生，大家的关注度直接会转向那个更大的事件，因此他多次都抢头条失败。

这也提醒内容创作者一定要通过数据分析弄清楚，关注你的视频的这类人大多在什么时间会观看你的视频。

以笔者为例，有一次编辑误操作，将发布时间修改到了下午3点半，结果发现阅读量比平时高。通过一段时间的测试后，我们的推送基本被固定在下午2点至4点之间，而不是大家通常以为的中午12点或者早上8点半。

关于发布时间还要强调一点，以很高成本精心创作出来的内容，一定要放在最有可能被自己粉丝用心浏览的时间段发布。例如，从一周时间来看，通常在周一发布任何休闲娱乐类内容，其阅读量和观看量都不会太高，反之，周五和周六则是此类内容发布的更好时机，如图12所示。而在一天之内，也有不同的适合发布视频的时间段。

另外，还要调整好心态，当所制作的视频出现一个或者多个爆款以后，不要指望能够通过同样的操作批量产生爆款。在很大概率上，在一个爆款出现之后，可能第2个、第3个，甚至往后若干个浏览量会急剧降低，这反而是一个非常正常的曲线。

△ 图 10

△ 图 11

△ 图 12

理解短视频上热门的核心逻辑

很多短视频高手都明白一个道理，就是如果希望自己的短视频获得更多的点赞、收藏及转发，所拍摄的短视频必须是一个优质视频。

给予用户价值的才是优质视频

但是，什么样的视频才算是一个优质视频呢？是画面足够好看，颜色足够漂亮，还是视频中的主角颜值足够高？其实这些都不是。

优质视频中的核心要点是给予用户价值，甚至是超预期价值。比如图13所示的内容就满足了观众的猎奇心理，拓宽了其知识面。

从本质上说，所有的自媒体其实都是一种价值交换，无论是文章还是视频，作者给予的是有价值的信息，用户给出的是自己的关注度及阅读时长，也就是他们的关注、阅读、点赞、收藏等操作，这本身就已经形成了一种价值。

这是所有自媒体变现的基础。

△ 图 13

换位思考判断内容是否有价值

所谓"换位思考"，就是将自己当成一个粉丝。如果这个问题的答案不能够说服自己，则建议不要创作这个视频。

这种换位思考的方法其实非常重要，否则创作视频就是一个自嗨的过程，自以为创作的视频非常棒，应该有很多人点赞、收藏和关注，但是发布出去以后却数据惨淡。

这个道理不仅适用于视频创作，还适用于所有产品创意、设计与制作。

例如，笔者曾经推出过一个用Photoshop动作对照片进行加工处理的课程，虽然在开发时大家感觉这个课程效果丰富、技术巧妙，一定会叫好又叫座。但推出市场后反响却很一般，

这就属于典型的自嗨式开发，没有站在用户的角度去考虑。

所以，从某种角度上说，能否站在用户角度考虑问题，也是产品设计和创作人员的功力的体现。某信教父张小龙曾经说过自己7秒能够变成一个"白痴"，以"白痴"的角度去看某信的设计是否合理；马化腾能够3秒变成一个"白痴"，而乔布斯只需要1秒。

因此，与其去学习那些花哨的镜头运用技巧、转场技巧和特效技巧，不如真真正正、踏踏实实地研究一下，自己的视频能够为粉丝带来什么样的核心价值，并且采用换位思考的方法，想一想这个价值是否是目标群体所需要的。

在垂直分类下不断创新

一些内容创作者会遇到明明视频能够给予用户价值，却依然反响平平的情况。而出现这种情况的原因往往是因为"抖音"系统没有对视频进行有效推送。

需要强调的是，一旦发布视频后，抖音会通过人工智能模型自动识别视频画面、标题及关键词，判断是否违规及所属的内容类别，并与大数据库中的内容进行匹配消重。

在此阶段，无论是内容违规还是内容与账号标签不符，或者内容与大数据库中的内容重复，都会导致限流甚至是禁止发布，如图14所示。

因此，即便视频能够给予用户价值，如果在抖音自动检测时没有"过关"，别说高流量了，哪怕是正常流量（200~300播放量）都无法达到。

△ 图14

为了让视频能够正常进入流量池，并保有成为爆款的"资格"，就必须在垂直分类下不断寻求内容上的创新。这样，在抖音自动检测时才会将视频内容准确定位，推送给目标人群。并且由于内容上的创新，以及较好的视频质量，从而获得较高的"基础分"，得到较高的初始流量，上热门的机会才能变大。

理解私域流量和公域流量

为了方便读者理解私域流量和公域流量，可以将自己的抖音账号想象为一个流量池。池子中的水越多，抖音账号的影响力就越大。而这个池子中的水，也就是流量，主要来自两个方面，一方面是私域流量，另一方面就是公域流量。

认识私域流量

抖音的"私域流量"是最近一两年才开始经常被提起的。对于抖音而言，所谓私域流量，其实就是沉淀在自己账号中的粉丝，因为可以通过"私信"功能直接与粉丝进行一对一交流。但由于抖音的社交属性还完全无法与微信相提并论，所以目前来看，提起"私域流量"，依然主要指微信生态。

在微信生态中，无论是微信好友还是微信群，或者是公众号粉丝等，都属于私域流量。因为可以直接向这些群体发送指定内容，并可以确定他们可以接收到。

但在抖音中，虽然也有粉丝，但除了私信及尚处在开发早期的"粉丝群"外，并没有其他方法能将信息准确传达。再加上抖音对内容的严格审核，所以像一些销售类的内容都会被禁止。

认识公域流量

所谓公域流量，其实就是那些不确定哪些群体可以接收到内容的流量。而像抖音这种火爆的短视频平台，其实是公域流量的主要集中地。正如上文所说，虽然目前抖音也在增强自己的"私域流量"属性，但由于微信作为社交领域的霸主，所以抖音流量私域化进展并不明显。

而抖音的流量之所以被称为公域流量，正是因为其中大部分流量是不可控的。比如在抖音上发布了一条视频，可能会有几十万、几百万人浏览，但所有浏览过该视频的观众不可能都转化

为粉丝。因此，作为视频发布者，就无法与这几十万、几百万人中不是粉丝的群体产生一对多或者一对一的交流。并且，当再发一个视频时，也无法保证这几十万或者几百万人会再次看到。这与微信群或者朋友圈、公众号的信息发送方式是有本质的区别的，而前者则被称为公域流量，后者则被看作私域流量。

将公域流量转化为私域流量的方法

在理解了什么是公域流量与私域流量之后，各位读者应该已经意识到，由于私域流量可以进行持续的、精准的广告投放或者宣传，所以与公域流量相比，其带给我们的收益会更多。因此，如何将公域流量转化为私域流量，就是很多短视频运营者需要解决的问题。

这里再次强调，虽然抖音本身也具备私域流量属性，但因为目前相关体系还不完善，并且没有建立起熟人社交圈，所以此处以微信作为私域流量的代表，以抖音作为公域流量的代表。那么所谓"将公域流量转化为私域流量的方法"，其实就是将"抖音流量转化为微信流量的方法"。

利益诱导

利益诱导是最常用的将公域流量转变为私域流量的方法。比如在抖音上，可以看到一些账号的简介中写着"关注V，获取免费教学资源"等，其实就是通过为观众提供"免费午餐"来将抖音上大量的公域流量转变为微信体系中的私域流量。

除此之外，目前很火的"裂变营销"方式归根结底也是通过"利益诱导"，让用户去转发、集赞等，从而实现利用已有的私域流量来做增量，实现私域流量的不断增长。

内容转化

无论是公域流量还是私域流量，其中绝大部分粉丝都是被内容吸引而来的。正所谓"内容为王"，做带货视频也好，做微信公众号也好，只要能够持续输出优质内容，自然会得到更多人的关注。而被内容吸引而来，并持认可态度的观众，只要为他们留一个私域流量入口，就会自然地从公域流量向私域流量转化。

需求转化

对于一些提供服务的抖音号而言，如提供摄影教学的"好机友摄影"，当账号中的内容无法满足观众需求时，观众就可能会与内容创作者联系，获取额外的服务。而"获取额外服务"的过程，其实就是从公域流量转化为私域流量的过程。除了教学类抖音号，其他的比如汽车类、健身类、旅游类等，都大量存在这种流量转化方式。

兴趣转化

对于运动类、棋牌类或以其他兴趣爱好为主要内容输出的抖音号而言，可以将有相同爱好的观众汇集到一起，进而营造一个该爱好的小圈子。观众为了能够认识更多具有相同爱好的朋友，或者为了能够互相交流经验，就会欣然接受进入微信群等其他私域流量阵地。类似的爱好群如果经营得好，还可以开展一些线下活动，对于提高粉丝黏性非常有帮助，而且同样会产生"一带多"的粉丝增量效果。比如，"好机友摄影"抖音号就汇集了很多摄影爱好者，并创建了两个粉丝群，如图15所示。

△ 图 15

了解消费者才能做好带货短视频

正所谓"知己知彼，百战不殆"，只有对消费者的特点、习惯有所了解后，才能够有针对性地录制带货视频，让内容更符合观众的需求，从而提高转化率。

喜欢在手机上搞定一切

据相关数据显示，中国已经成为智能手机用户数量最多的国家。智能手机在国内的高速发展，让下至十几岁的初中生，上至七八十岁的老人，都在使用智能手机，而其中绝大部分都有过手机消费经历。甚至除了60岁以上人群，手机消费已经成为人们首选的消费方式。

再加上抖音、小红书、快手等社交媒体平台都推出了具备大数据智能推荐的功能，让内容创作者更容易与志同道合的粉丝建立连接，从而让用户更方便地接受与自己兴趣相关的内容。所以，在工作之余，手机的使用时间持续居高不下。而人们在手机上所花费的时间越多，用手机解决的问题越多，产生的消费也会越多。

消费已经成为一种文化

对于如今的年轻人而言，由于已经习惯了网络上铺天盖地的广告与宣传，所以他们对这些内容并不会有太多的反感。相反，对于一些个性化的热点消费对象，还会表现出极大的热情。比如星巴克猫爪杯（如图16所示）、AJ球鞋、优衣库联名T恤等网红产品，就是在这种消费观念下产生的。年轻人已经不仅仅满足于产品的功能性，还要求其产品背后有更多的流行元素支撑。而这种消费观念也使得网红文化愈演愈烈，最终形成了一种当下独有的消费文化。

△ 图16

具备很强的信息检索和辨别能力

如今的年轻消费者是在因特网已经具有一定普及度的环境下成长起来的。因特网上既丰富又良莠不齐的信息使得他们不但具备很强的信息检索能力，又不得不具备一定的辨别能力。在去餐馆吃饭之前，会看一看大众点评，选一家评分及评论都比较好的餐厅。而且最为关键的是，他们不仅仅会看好评，还会去看差评，并权衡好评与差评之间的可信度，进而决定是否要在这家餐馆吃饭。除了去餐馆吃饭，还有旅游、购物、看电影等方面，他们都会有相似的行为习惯。所以想从这群消费者手中赚到钱，除了多宣传，产品、服务及本身的质量尤为重要。

将分享变成习惯的一代人

得益于更大的社交平台，如今的年轻人会习惯性地分享自己认为好吃、好用、好玩的东西，所以很多优质的带货短视频才会有可能在短时间内得到广泛的传播。而为了激发观众分享短视频的欲望，需要内容创作者本身就站在分享者的立场上。也就是将自己使用过的，并真心认为好用的产品，以视频的方式分享给观众。这种视频由于近两年在网络上异常火爆，所以有一个专门的名称——种草。

第 2 章

视频带货从拥有一个账号开始

创建一个带货视频账号

在开始创作带货视频之前，要先拥有一个自己的账号。而为了让账号具有"卖货"功能，还需要开通相应的权限。下面以抖音平台为例，向各位读者介绍如何创建一个可以带货的视频账号。

创建抖音账号

在应用商店下载并安装抖音App后，通过以下操作步骤即可完成账号注册。

❶ 打开抖音，点击界面右下角的"我"图标，如图1所示。

❷ 输入手机号，然后点击界面下方"获取短信验证码"按钮，如图2所示。如果是用本机号进行注册，抖音会自动进行识别。

❸ 输入验证码后，抖音账号即注册完成，并自动进入如图3所示的界面。若需要将通讯录好友导入抖音，则点击"查看通讯录"。如果不希望导入通讯录好友，则点击右上角的"跳过"，即完成抖音账号的创建。

⚠ 图1　　　　　　　　⚠ 图2　　　　　　　　⚠ 图3

"商品橱窗"的作用及开通方法

"商品橱窗"的作用

仅仅有一个抖音号，还不能"带货"。只有开通"商品橱窗"权限，才可以在视频页面和该视频的评论区页面添加商品链接，从而让观众可以通过该视频购买商品。并且商品的购买入口位于视频的左下方，方便观众在看视频时点击购买。

点击视频页面的商品链接后，观众可以选择前往第三方平台购买该产品，如淘宝，如图4所示；也可以点击图5中的"去看看"按钮，进入视频发布者的橱窗进行购买，如图6所示。

▲ 图4

▲ 图5

▲ 图6

"商品橱窗"的开通方法

申请开通"商品橱窗"需满足以下几个条件。

❶ 实名认证。

❷ 商品分享保证金500元。

❸ 个人主页视频数≥10条。

❹ 抖音账号粉丝量≥1000。

申请方法如下。

❶ 打开抖音App后,点击界面右下角的"我"图标,再点击右上角的▤图标,打开如图7所示的菜单,并选择"创作者服务中心"选项。

❷ 点击"商品橱窗"按钮,如图8所示。

❸ 选择"商品分享权限"选项,如图9所示。

❹ 在满足上文介绍的3个申请条件的情况下,点击界面下方的"立即申请"按钮即可。

▲ 图7

▲ 图8

▲ 图9

"抖音小店"的作用及开通方法

"抖音小店"的作用

无论是开通"抖音小店"还是开通"商品橱窗",在视频左下角都会出现商品链接。其区别是,如果开通的是商品橱窗,那么想购买产品就必须跳转至第三方平台或者跳转至发布者的橱窗;但如果开通的是抖音小店,则无须跳转,直接点击"立即购买"按钮即可,如图10所示。

千万不要小看"抖音小店"减少的这一个跳转页面,它可以有效减少客户流失,明显提升产品销量。

"抖音小店"的开通方法

"抖音小店"的开通门槛较高,只有个体工商户或者企业、公司才允许开通。

❶ 按照与开通"商品橱窗"相似的步骤,进入如图11所示的界面,并选择"开通小店"选项。

❷ 点击"立即开通"按钮,如图12所示。

❸ 选择开通小店类型,只支持个体工商户或者企业、公司,如图13所示。点击"立即认证"按钮后,按照页面要求填写信息并提供资料即可。

▲ 图 10 开通小店后,点击链接可直接购买

▲ 图 11

▲ 图 12

▲ 图 13

在橱窗中上架商品

"橱窗"是"小店"的基础

虽然在开通"抖音小店"时没有开通"橱窗"这一要求，但事实上，开通橱窗是开通小店的基础。因为只有有了橱窗，才有了在抖音分享商品的渠道。而抖音小店只是作为分享商品的其中一种来源。即便没有小店，也可以在橱窗中分享淘宝、天猫或者京东上的商品。

在橱窗中上架抖音官方商品

在了解了橱窗和小店的关系后，如果想售卖商品，就要将其上架到橱窗中。在抖音中，即便自己没有店铺，也可以上架抖音官方商品至橱窗进行售卖。具体操作方法如下。

❶ 进入抖音后，点击右下角的"我"图标，并继续点击"商品橱窗"按钮，如图14所示。

❷ 点击"选品广场"按钮，如图15所示。

❸ 在"选品广场"中选择希望上架到橱窗的商品，并点击"加橱窗"即可，如图16所示。

⚠ 图 14

⚠ 图 15

⚠ 图 16

在橱窗中上架第三方平台商品

如果想在抖音中上架淘宝、京东等第三方平台的商品，需要进行以下操作。

❶ 在第三方平台上选择要推广的商品，在PC端地址栏复制链接，或在手机端商品详情页点击右上角的▣图标，选择"复制链接"，如图17所示。

❷ 进入"选品广场"，点击界面右上角的"链接"，如图18所示。

❸ 将复制好的链接粘贴至界面上方，并点击"查找"，如图19所示。在打开的界面中将商品添加至橱窗即可。

⚠ 图 17

⚠ 图 18

⚠ 图 19

需要注意的是，如果在点击图19右上角的"查找"选项后，无法正常上架商品，可能是因为以下几个原因。

❶ 账号还未绑定淘宝联盟PID。如需添加淘宝商品，前往"商品橱窗"→"个人主页"→"账号绑定"进行PID绑定。

❷ 商品不在淘宝联盟内容商品库内。目前抖音只支持上架淘宝联盟内容商品库内的商品。读者可以通过复制商品淘口令，打开淘宝联盟App，通过弹窗来确定商品是否加入。

❸ 商品所属店铺不达标。为了防止劣质商品在抖音平台上售卖，抖音对第三方平台商品的所属店铺提出了一定的要求。低于该要求的店铺的商品将不被允许上架到抖音橱窗售卖。具体要求如图20所示，其中DSR评分规则如图21所示。

淘宝店铺需要满足条件：
· 店铺开店半年以上
· 店铺等级一钻以上
· 淘宝店铺评分（DSR）符合「店铺DSR规则」

天猫店铺需要满足条件：
· 开店半年以上
· 天猫店铺评分（DSR）符合「店铺DSR规则」

京东店铺需要满足条件：
· 开店半年以上
· 店铺星级3星以上
· 京东店铺风向标（用户评价、物流履约、售后服务均大于等于9.1）

⚠ 图 20

淘宝/天猫店铺DSR规则：

类目	描述评分	服务评分	物流评分
男装	不低于4.7	不低于4.7	不低于4.7
女装	不低于4.7	不低于4.7	不低于4.7
鞋靴箱包	不低于4.7	不低于4.7	不低于4.7
服饰配件	不低于4.7	不低于4.7	不低于4.7
食品	不低于4.7	不低于4.7	不低于4.7
美妆个护	不低于4.7	不低于4.7	不低于4.7
母婴	不低于4.7	不低于4.7	不低于4.7
教育	不低于4.7	不低于4.7	不低于4.7
其他类目	不低于行业平均值	不低于4.7	不低于4.7

⚠ 图 21

在橱窗上架小店商品

正如上文所说，"橱窗"是展示商品的渠道，而小店是商品的来源。因此，对于开通了小店的抖音账号，还可以将小店中的商品上架到橱窗中。具体操作方法如下。

❶ 点击右下角的"我"图标，点击"商品橱窗"按钮，如图22所示。

❷ 点击"我的小店"一栏中的"商品管理"选项，如图23所示。

❸ 点击界面下方的"发布商品"按钮，如图24所示。

❹ 按要求将商品标题、主图、类目、价格等信息补充完毕后，点击界面下方的"发布商品"按钮即可，如图25所示。当该商品通过审核后，将自动上架到橱窗中。

△ 图 22 △ 图 23 △ 图 24 △ 图 25

管理橱窗中的商品

在创建账号初期，读者可能会随便上架一些商品。但随着账号在垂直分类下的内容越做越多，商品的类别也会更加集中，势必需要对原有的部分商品进行更改。下面介绍管理橱窗的操作方法。

❶ 在进入"商品橱窗"后，选择"橱窗管理"选项，如图26所示。

❷ 点击商品右侧的 ☑ 图标，即可编辑当通过短视频或直播推广该商品时的链接文字，如图27所示。

❸ 点击图27右上角的"管理"选项，即可对商品进行"置顶"或者"删除"操作，如图28所示。

⚠ 图26

⚠ 图27

⚠ 图28

开通POI为线下引流

POI的作用

POI是Point Of Interest的缩写，翻译成中文即"兴趣点"的意思。事实上，POI就是商家获得的独家专项唯一地址，其在抖音中的呈现方式是在视频左下角会有一个定位链接，如图29所示，点击这个链接后，即可看到关于这个商家的更多介绍，如图30所示。

所以，如果一家饭店领取了POI门店功能，并且制作了一个推广小视频发布在了抖音平台上，就可以让观众迅速了解到这家饭店的地理位置，从而打通线上与线下通道，利用因特网为线下门店带来更多客流量。

值得一提的是，点击门店链接后，还可以看到关于这家店的详细介绍，包括所有在抖音上与这家店相关的短视频，极大地方便了观众寻找消遣地点，并对店家进行全方位了解，如图31所示。当然，店家也可以得到很好的宣传效果，还有机会成为热门打卡点。

⚠ 图29

⚠ 图30

⚠ 图31

POI的领取方法

如果在线下拥有实体店，就可以拥有POI，所以这个带货工具不需要"申请"，只需要"领取"。

❶ 同样按照开通"商品橱窗"的方法，进入如图32所示的界面，并点击"我的线下门店"选项。

❷ 点击界面下方的"立即免费认领门店"按钮，如图33所示。

❸ 在打开的界面中选择自己的门店，并上传企业营业执照，如图34所示。只要企业营业执照上的注册地址与所选门店地址一致，即可领取成功。如果不一致，则需要上传其他材料，如手持营业执照与门店合影或者餐饮服务许可证等，以此证明自己与所选门店的关系。

△ 图32

△ 图33

△ 图34

选择门店列表中没有自己的店铺怎么办？

选择门店界面如图35所示，如果在该列表中没有找到自己的店铺，则需要使用百度地图App或高德地图App申请一个POI。此处以使用高德地图App为例，具体操作方法如下。

❶ 打开高德地图App，点击界面右下角的"我的"图标。向左滑动"高德推荐"一栏，点击最右侧的"更多工具"，如图36所示。

❷ 点击"反馈上报"选项，如图37所示。

❸ 在"地点相关"一栏中选择"新增地点"选项，如图38所示。

△ 图35

◆ 图36

◆ 图37

◆ 图38

❹ 接下来按图39的要求，填写"店铺名称""地图位置""门脸照片"，随后点击"提交"按钮即可。

当申请通过后，再回到"抖音门店"界面，即可选择自己的门店地址。

◆ 图39

设置账号的"门面"

无论是取名字还是设置头像，其宗旨都是让观众快速记住你。而且无论是名字还是头像，一旦选定，均不建议再进行更改，否则非常不利于粉丝的积累。因此，在确定名字和头像时，一定要慎重。

取名字的6个要点

1.字数不要太多

简短的名字可以让观众一眼就知道这个抖音号或者快手号叫什么，让观众哪怕是无意中看到了你的视频，也可以在脑海中形成一个模糊印象。当你的视频第二次被看到时，其被记住的概率将大大增加。

另外，简短的名字比复杂的名字更容易记忆，建议将名字的长度控制在6个字以内。比如目前抖音上的头部账号：疯狂小杨哥、刀小刀sama、我是田姥姥等，其账号名称长度均在6个字以内，如图40所示。

2.表现出账号内容所属的垂直领域

如果账号主要发布某一个垂直领域的视频，那么在名字中最好能够有所体现。

比如"央视新闻"，一看名字就知道是分享新闻视频的账号；而"51美术"，一看名字就知道是分享绘画相关视频的账号，如图41所示。

其优点在于，当观众需要搜索特定类型的短视频账号时，将大大提高你的账号被发现的概率。同时，也可以通过名字给账号打上一个标签，精准定位视频受众。当账号具有一定的流量后，变现也会更容易。

3.不要使用生僻字

如果观众不认识账号名，则对于宣传推广是非常不利的，所以尽量使用常用字作为名字，可以让账号的受众更广泛，也有利于运营时的宣传。

在此特别强调一下账号名中带有英文的情况。如果账号所发布的视频，其主要受众是年轻人，在名字中加入英文可以显得更时尚；而如果主要受众是中老年人，则建议不要加入英文，因为这部分人群对于自己不熟悉的领域往往会有排斥心理，当看到不认识的英文时，则很可能不会关注该账号。

排名		名称
1		疯狂小杨哥
2		高火火
3		郭聪明
4		刀小刀sama
5		会说话的刘二豆
6		我是田姥姥

▲图 40

人民日报

央视新闻

51美术

▲图 41

4.使用品牌名称

如果在创建账号之前已经拥有自己的品牌，那么直接使用品牌名称即可。这样不但可以对品牌进行一定的宣传，在今后的线上和线下联动运营时也更方便，如图42所示。

5.使用与微博、微信相同的名字

使用与微博、微信相同的名字可以让周围的人快速找到你，并有效利用其他平台所积攒的流量，作为在新平台起步的资本。

▲ 图42

6.让名字更具亲和力

一个好名字一定是具有亲和力的，这可以让观众更想了解博主，更希望与博主进行互动。而一个非常酷，很有个性，却冷冰冰的名字，则会让观众产生疏远感。即便很快记住了这个名字，也因为心理的隔阂而不愿意去关注或者互动。

所以无论是在抖音还是快手平台，都会看到很多比较萌、比较温和的名字，比如"韩国媳妇大璐璐""韩饭饭""会说话的刘二豆"等，如图43~图45所示。

▲ 图43

▲ 图44

▲ 图45

设置头像的4个要点

1.头像要与视频内容相符

一个主打搞笑视频的账号，其头像也自然要诙谐幽默，如"贝贝兔来搞笑"，如图46所示；一个主打真人出境、打造大众偶像的视频账号，其头像当然要选个人形象照，如"李佳琦Austin"，如图47所示；而一个主打萌宠视频的账号，其头像最好是宠物照片，如"金毛～路虎"，如图48所示。

如果说账号名是招牌，那么头像就是店铺的橱窗，需要通过头像来直观地表现出视频主打的内容。

▲ 图46

▲ 图47

▲ 图48

2.头像要尽量简洁

头像也是一张图片,而所有宣传性质的图片,其共同特点就是"简洁"。只有简洁的画面才能让观众一目了然,并迅速对视频账号产生一个基本了解。

▲ 图 49

如果是文字类的头像,则字数尽量不要超过3个,否则很容易显得杂乱。

另外,为了让头像更明显、更突出,尽量使用对比色进行搭配,如黄色与蓝色、青色与紫色、黑色与白色等,如图49所示。

3.头像应与视频风格相吻合

即便属于同一个垂直领域的账号,其风格也会有很大区别。而为了让账号特点更突出,在头像上就应该有所体现。

▲ 图 50

比如同样是科普类账号的"笑笑科普"与"昕知科技",前者的科普内容更偏向于生活中的冷门小知识,而后者则更偏向于对高新技术的科普。两者风格的不同,使得"笑笑科普"的头像显得比较诙谐幽默,如图50所示;而"昕知科技"的头像则更有科技感,如图51所示。

▲ 图 51

4.使用品牌Logo作为头像

如果是运营品牌的视频账号,与使用品牌名作为名字类似,使用品牌Logo作为头像既可以起到宣传作用,又可以通过品牌积累的资源让短视频账号更快速地发展,如图52所示。

▲ 图 52

通过简介让观众了解自己

个性化的头像和名字可以快速吸引观众的注意力,但显然无法使其对账号内容产生进一步了解。而"简介"则是让观众在看到头像和名字的"下一秒"继续了解账号的关键。绝大多数的"关注"行为,通常是在看完简介后出现的。下面介绍简介撰写的4个关键点。

语言简洁

观众决定是否关注一个账号所用的时间大多在5秒以内,在这么短的时间内,几乎不可能去阅读大量的介绍性文字,因此简介撰写的第一个要点就是务必简洁,并且要通过简洁的文字,尽可能多地向观众输出信息,比如图53所示的健身类头部账号"健身BOSS老胡",数行简洁明了的短句,不到40个字,就介绍了自己、账号内容和联系方式。

▲ 图 53

每句话要有明确的目的

正是由于简介的语言必须简洁，所以要让每一句话都有明确的意义，防止观众在看到一句不知所云的简介后就转而去看其他的视频。

这里举一个反例，比如一个抖音号简介的第一句话是"元气少女能量满满"。这句话看似介绍了自己，但仔细想想，观众仍然不能从这句话中认识你，也不知道你能提供什么内容，所以相当于是一段毫无意义的文字。

而优秀的简介应该是每一句话、每一个字都有明确的目的，都在向观众传达必要的信息。比如图54所示的抖音号"随手做美食"，一共4行字，第1行指出商品购买方式；第2行表明账号定位和内容；第3行给出联系方式；第4行宣传星图有利于做广告。言简意赅，目的明确，让观众在很短的时间内就获得了大量的信息。

▲ 图 54

简介排版要美观

简介作为在主页上占比较大的区域，如果是密密麻麻一大片直接显示在界面上，势必会影响整体观感。建议在每句话写完之后，换行再写下一句，并且尽量让每一句话的长度基本相同，从而让简介看起来更整齐。

如果在文字内容上确实无法做到规律而统一，可以像如图55所示那样，加一些有趣的图案，这样不仅看起来更整齐，还可以让简介看起来更加活泼、可爱。

▲ 图 55

可以表现一些自己的小个性

目前在各个领域，都已经存在大量的短视频内容。而要想突出自己制作的内容，就要营造差异化，对于简介而言也不例外。除了按部就班、一板一眼地介绍自己、介绍账号定位与内容，部分表明自己独特观点或者是体现自己个性的文字同样可以在简介中出现。

比如图56所示的"小马达逛吃北京"的简介中就有一条"干啥啥不行 吃喝玩乐第一名"的文字。其中"干啥啥不行"这种话，一般是不会出现在简介中的，这就与其他抖音号形成了一定的差异。而且，这种语言也让观众感受到了一种玩世不恭与随性自在，体现出了内容创作者的个性，拉近了与观众的距离，从而对粉丝转化起到一定的促进作用。

▲ 图 56

简介应该包含的三大内容

所谓"简介"，就是简单介绍自己的含义。那么在尽量简短并且言简意赅的情况下，该介绍哪些内容呢？以下内容是笔者建议通过简介来体现的。

我是谁？

作为内容创作者，在简介中介绍下"我是谁"，可以增加观众对内容的认同感。比如图57所示的抖音号"徒手健身干货-豪哥"的简介中，就有一句"2017中国街头极限健身争霸赛冠军"的介绍。这句话既让观众更了解内容创作者，也表明了其专业性，让观众更愿意关注该账号。

▲图 57

能提供什么价值？

观众之所以会关注某个抖音号，是因为其可以对自己产生价值，如搞笑账号能够让观众开心，科普账号能够让观众长知识，美食类账号可以教观众做菜等。那么如果可以在简介中通过一句话表明账号能够提供给观众的价值，对于提升粉丝数量是很有帮助的。这里依旧以图57所示的"徒手健身干货-豪哥"为例，其第一句话"线上一对一指导收学员（提升引体次数、俄挺、街健神技、卷身上次数）"就是在表明其价值。那么希望在这方面有所提高的观众，自然大概率会关注该账号。

账号定位是什么？

所谓"账号定位"，其实就是告诉观众账号主要做哪方面的内容。达到不用观众去翻之前的视频，尽量保证在5秒内打动观众，使其关注账号的目的。

比如图58所示的抖音号"谷子美食"，在该简介中"每天更新一道家常菜总有一道适合您"就向观众表明了账号内容属于美食类，定位是家常菜，更新频率是"每天"，从而让想学习做一些不太难且美味的菜品的观众更愿意关注该账号。

▲图 58

充分发挥背景图的作用

通过背景图引导关注

通过背景图引导关注是最常见的发挥背景图作用的方式。因为背景图位于画面的最上方，相对比较容易被观众看到。再加上图片可以给观众更强的视觉冲击力，所以往往会被用来通过引导的方式直接增加粉丝转化，如图59所示。

▲图 59

展现个人专业性

如果是通过自己在某个领域的专业性进行内容输出，进而通过带货进行变现，那么背景图可以用来展现自己的专业性，从而增加观众对内容的认同感。

比如图60所示的健身抖音号，就是通过展现自己的身材，间接证明自己在健身领域的专业性，进而提高粉丝转化率。

△ 图 60

充分表现偶像气质

对于具有一定颜值的内容创作者，可以将自己的照片作为背景图使用，充分发挥自己的偶像气质，也能够让主页更个人化，拉近与观众之间的距离。

比如图61所示的剧情类抖音号，就是通过将视频中的男女主角作为背景图，通过形象来营造账号的吸引力。

△ 图 61

宣传商品

如果带货的商品集中在一个领域，那么可以利用背景图为售卖的产品做广告。比如"好机友摄影"抖音号中，其中一部分商品是图书，就可以通过背景图进行展示，如图62所示。

这里需要注意的是，所展示的商品最好是个人创作的，如教学课程、手工艺品等，这样除了能起到宣传商品的作用，还是一种对专业性的表达。

△ 图 62

为账号打上标签

在账号准备妥当后，就要考虑为账号打标签了。因为从抖音的推荐算法来看，标签越明确的账号，看到其视频的观众与内容的关联性越高，从而避免无用流量，让更多真正对你的内容感兴趣的观众看到这些视频，这些观众自然会有更大概率点赞、转发或评论。所以从数据上会直观看到，标签明确的账号，其播放量、完播率、点赞率等都要比标签模糊的账号高。

认识账号的3个标签

每个抖音账号都有3个标签，分别是内容标签、账号标签和兴趣标签。

认识内容标签

所谓"内容标签"，即作为视频创作者，每发布一个视频，抖音就会为其打上一个标签。随着发布相同标签的内容越来越多，其视频推送会越来越精准。这也是为什么建议各位读者在垂直领域做内容的原因所在。而且，连续发布相同标签内容的账号，与经常发送不同标签内容的账号相比，其权重也会更高。高权重的账号可以获得抖音更多的资源倾斜。

更重要的是，当一个账号连续发送相同内容标签的视频时，抖音会给其分配一个账号标签。

认识账号标签

正如上文所述，当一个账号的内容标签基本相同，或者说内容垂直度很高时，抖音就会为这个账号打上标签。一旦拥有了账号标签，就证明该账号在垂直分类下已经具备一定的权重。可以说是运营取得阶段性成功的表现。

要想获得账号标签，除了所发视频的内容标签要先一致外，还要让头像、名字、简介、背景图等都与标签相关，从而提高获得账号标签的概率。比如图63所示的具有"美食"账号标签的"杰仔美食"抖音号，其头像是"杰仔"，名字中带"美食"，背景图也与美食相关，再加上言简意赅的简介，账号整体性很强。

▲ 图63

认识兴趣标签

所谓"兴趣标签"，即该账号经常浏览哪些类型的视频，就会被打上相应的标签。比如一位抖音用户，他经常观看美食类视频，那么就会为其贴上相应的兴趣标签，抖音就会更多地为其推送与美食相关的视频。

因为一个人的兴趣可以有很多种，所以兴趣标签并不唯一。抖音会自动根据观看不同类视频的时长及点赞等操作，将兴趣标签按优先级排序，并分配不同数量的推荐视频。

正是因为抖音账号有上述几个标签，而不像以前只有一个标签的存在，所以"养号"操作已经不复存在。各位内容创作者再也不需要通过大量浏览与所发视频同类的内容来为账号打上标签了。

查看账号标签和内容标签

对于兴趣标签，与运营账号无关，所以不需要去特意判断有没有打上标签，打上了什么标签。但账号标签和内容标签涉及视频的精准投放，当视频流量不高时，可以通过判断是否打上相应标签来寻找流量较低的原因。

通过第三方数据网站查看

"为账号打标签"是抖音官方后台的行为，所以在抖音中无法直接看到。但在第三方数据网站，由于可以获得很多抖音后台的数据，所以是可以直接看到账号是否有标签的。此处使用的是"飞瓜"数据平台，具体查看方法如下。

❶ 进入飞瓜抖音数据网站，点击界面左侧的"播主搜索"选项，如图64所示。

❷ 将账号名输入搜索栏，此处以图63所示的"杰仔美食"为例。输入后，点击"搜索"按钮，如图65所示。

❸ 在界面下方即可找到"杰仔美食"账号的搜索结果，其账号名称右侧的"美食"二字即为账号标签。而在账号ID的右侧，还可以看到"内容标签"，如图66所示。对于一些权重稍低，但所发布内容依然有一定垂直度的账号，则只能看到内容标签，无法看到账号标签。

通过抖音App判断是否打上账号标签

通过抖音App虽然无法直接查看账号标签和内容标签，但却可以通过"同类账号"推荐来间接判断是否被打上了账号标签。方法非常简单，只需要用另一个抖音账号浏览需要查看是否打上标签的账号的主页，并看一下在"私信"的右侧是否有 ˙图标。如果有 ˙图标，则代表具有账号标签，如图67所示。如果没有该图标，则"大概率"是没有被打上账号标签。

之所以强调"大概率"，是因为笔者发现个别在第三方数据网站上可以看到"账号标签"的账号，在主页上却没有 ˙图标。

△ 图 67

了解抖音实名认证、蓝v认证和黄v认证

随着抖音的体系越来越完善，账号也新增了很多"认证"。很多朋友都不太了解这些认证有什么作用，如何进行认证，认证需要满足哪些要求，导致认证不及时，浪费了很多资源。

实名认证账号操作方法

❶ 打开抖音，点击右下角的"我"图标，再点击右上角图标，如图68所示。
❷ 点击"设置"选项，如图69所示。
❸ 点击"账号与安全"选项，如图70所示。

◆ 图 68

◆ 图 69

◆ 图 70

❹ 点击"实名认证"选项，如图71所示。

❺ 按要求填写姓名和身份证号后，点击"同意协议并认证"按钮即可，如图72所示。

◆ 图 71

◆ 图 72

实名认证账号的优势

增加账号可信度

账号通过实名认证后，更有利于抖音官方对于个人身份的识别，在进行流量分配或人群推荐时也更智能。作为观众，可以让你更有机会看到适合自己或者自己想看的内容；作为内容发布者，可以在账号运营初期，使所创作的视频被更多同龄人看到。

获得被推荐的机会

没有经过实名认证的账号，在进入流量池后，即便完播率、点赞、评论等数据都不错，也不会进入下一级流量池。因此，只有实名认证的账号发布的视频，才具有成为热门视频的机会。

另外，由于实名认证的账号相对更安全，其所发布的内容也更容易受到系统筛选的重视，更容易获得较高的流量。

更容易找回账号

如果账号出现被盗的情况，经过实名认证的账号可以更容易、更快地被找回，从而避免产生更多的损失。因此，对于打算长期运营抖音账号的用户而言，强烈建议进行实名认证以提高安全性。

黄v认证的门槛和操作方法

黄v认证其实就是抖音的"个人认证"，可以在一定程度上表现出内容创作者在某一领域的专业性或者权威性，可以起到增加账号权重、提高观众认同感的作用。

黄v认证的门槛

根据认证的领域不同，门槛也有所区别。对于大部分没有类似职业资格证这种权威机构颁发的，可以有效证明专业性的领域而言，其门槛主要有以下4点。

❶ 实名认证。

❷ 发布视频≥1。

❸ 粉丝量≥10000。

❹ 绑定手机号。

需要注意的是，对于个别领域，不排除在满足以上4点要求后，还需要提供其他信息或证明。

而对于医疗等有明确就职资格要求的领域，其申请条件为以下3点。

❶ 实名认证。

❷ 绑定手机号。

❸ 近期无账号、视频内容违规记录

申请后，还需满足就职医院、职位等额外要求，并提供大量相关证明，如图73所示。

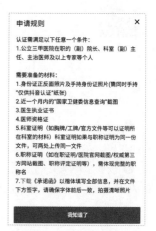

△ 图 73

黄v认证的操作方法

❶ 打开抖音后，点击右下角的"我"图标，接着点击右上角的☰图标，如图74所示。

❷ 在打开的菜单中点击"创作者服务中心"选项，如图75所示。

❸ 点击"通用能力"分类下的"官方认证"选项，如图76所示。

❹ 选择"个人认证"选项，如图77所示。

△ 图 74

⚠ 图75

⚠ 图76

⚠ 图77

❺ 点击界面上方的"认证领域",确定认证类型,如图78所示。

❻ 当满足所有申请条件后,即可点击界面下方的"申请认证"按钮。如果有部分条件没有满足,则无法进行申请,如图79所示。

❼ 当申请通过后,即完成黄v认证,并在账号名称下可以看到"黄v标识",如图80所示。

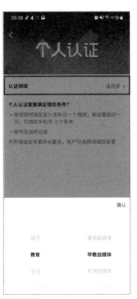

⚠ 图78

⚠ 图79

⚠ 图80

黄v认证账号的优势

黄v标识作为"专业"和"优质"的象征，自然会为账号带来一定优势，也是抖音重点扶持的一类账号。

确保账号唯一性

黄v认证具有昵称搜索置顶权益，并且在搜索时，其头像上会出现明显的"黄v"标识，如图81所示。从而可以防止一些人通过高仿号欺骗观众。

提高观众认同感

黄v认证账号代表在该领域具有一定的专业性、权威性，并且受到了抖音官方认可，属于优质账号。因此观众更信赖此类账号所发布的内容，对其有较高的认同感，更容易发生点赞、转发、评论等行为，进而提高视频流量。

内容豁免权

随着抖音平台的内容越来越多，其监管力度也越来越大。对于一些涉及医疗、科普等领域的内容，更是稍不注意就会被判违规，进而限流甚至是不进行推送。而进行了相关领域黄v认证的账号，比如医疗领域的黄v认证，那么在发布医疗类内容时，就可以正常进入流量池并推荐给观众。

更快的审核速度

上文已经提到，黄v账号是抖音官方认可的优质账号，所以对其内容质量会更放心，审核速度就会更快。在蹭热点时，可以抢占先机，获得更高的流量。

△图81

蓝v认证的门槛和操作方法

蓝v认证其实就是企业号认证。与黄v认证账号相比，蓝v认证账号的权益要多很多，而且抖音目前正在大力推广蓝v认证，也是希望有更多的企业和个体工商户入住抖音，进而吸引更多的观众前往抖音平台观看短视频。

蓝v认证的门槛

对于蓝v认证（企业号认证）而言，其实不存在门槛这一概念。因为凡是正常经营的企业或个体工商户，均可申请蓝v认证。并且只要提交材料真实有效，信息符合要求，均予以通过。但如果出现以下情况，则大概率不会通过认证。

❶ 昵称拟人化、宽泛化不予通过。比如"某公司董事长""小神童"等则属于昵称拟人化；而"学英语""旅游"等则属于昵称宽泛化。

❷ 昵称违反广告法不予通过。比如昵称中存在"最""第一"等词语。

❸ 企业账号认证信息与营业执照上的企业主体名称不一致不予通过。

❹ 申请认证企业属于抖音号禁入行业不予通过。禁入行业包括：高危安防、涉军涉政、违法违规、危险物品、医疗健康、手工加工、文化艺术收藏品、古董古玩、招商加盟、两性类、赌博类、侵犯隐私等行业。

蓝v认证的操作方法

❶ 打开抖音后，点击右下角的"我"图标，接着点击右上角的▤图标，如图82所示。

❷ 在打开的菜单中点击"创作者服务中心"选项，如图83所示。

❸ 点击"通用能力"分类下的"官方认证"选项，如图84所示。

◈ 图 82

◈ 图 83

◈ 图 84

❹ 选择"企业认证"选项，如图85所示。

❺ 由于目前抖音正在大力推广蓝v认证，所以可以免费申请（之前需要600元申请费），选择"同意并遵守《抖音试用及普通企业号服务协议》"复选框后，点击"0元试用企业号"按钮即可，如图86所示。

❻ 接下来按照页面要求，提供相关资料并完善信息，即可完成认证申请。

◈ 图 85

◈ 图 86

蓝v认证账号的优势

为了吸引更多的企业入驻抖音，蓝v认证账号拥有八大专属权益，从而满足企业的多种推广诉求，快速在抖音获得可观流量。

品牌保护

蓝v认证账号在搜索页、关注页、粉丝页、私信页及转发二维码页面都会出现"蓝v"标识，从而展现专业性和权威性，树立良好的品牌形象。比如图87所示的关注页面中，具有蓝v标识的账号明显更突出。

另外，蓝v认证账号的昵称是唯一的，并且采用先到先得的方式进行锁定。也就是认证成功后，该昵称的账号将不可以再被创建。即便因为在认证之前已经有个人用户注册了该昵称，蓝v账号也会在搜索列表的第一个栏位出现，从而起到全方位的品牌保护作用。

△ 图 87

营销内容豁免

个人账号在抖音上做营销时要非常小心，一旦出现低价、打折、优惠等词语，很可能被判定为营销广告，进而限流，甚至是不予推荐。但蓝v认证账号则可以正常发布营销内容，也就是说即便打广告，也能够正常进入流量池并进行推荐。只要视频热度足够高，成为热门视频也是有可能的。

而营销内容豁免这一优势，也是很多企业进行蓝v认证的主要原因，相当于抖音为企业打开了广告营销的大门。

以"美的空调"抖音号为例，其发布的一条短视频中有明显的"抢购"字样，如图88所示。如果是个人账号，不要说将"抢购"以文字的方式在画面中出现，即便只是说出"抢购"二字，也会被判定为违规并限流。但这条视频依然获得了2686次点赞，可见是被正常推送的视频。

△ 图 88

内容创意资源

制作带货短视频，最怕创意、灵感枯竭，导致没有明确的创作思路，不知道什么样的内容才更容易被观众接受。

抖音为蓝v认证账号准备了精选案例库，并且其中的视频都是与你相关的。比如在进行蓝v认证时，行业为餐饮，那么此处显示的案例则为餐饮行业的热门视频。并且支持按热度、点赞、评论、转发4个维度进行筛选和排序，从而有针对性地弥补目前视频在某个数据上的短板，借鉴同行的创作经验。

获取资源的操作方法如下：

❶ 进入企业服务中心，点击"涨流量"选项，如图89所示。

❷ 点击"视频管理"分类下的"精选案例"选项，如图90所示。

❸ 在视频界面即可进行筛选、排列规则及行业的设定，查看具有借鉴意义的热门视频，如图91所示。

▲ 图89

▲ 图90

▲ 图91

独有的商家主页

只有通过蓝v认证的账号，才能拥有"商家主页"。商家主页可以展示企业的基本信息及营销信息，帮助企业更好地建立与用户之间的联系，承载营销诉求。而且在商家主页中有不同的模块，可以根据需求展示相关信息。

商家主页的设计可以在PC端进行，登录网站：e.douyin.com，点击左侧的"运营中心"选项，继续点击下方"主页管理"选项，即可对右侧显示的商家主页进行设置，如图92所示。

▲ 图92

通过产品转化页促进转化

蓝v认证账号可以在视频中插入产品转化页，从而增加订单转化。依旧需要登录网站e.douyin.com，依次点击左侧导航栏中的"经营工具中心"→"营销转化工具"选项，然后点击右侧的"新建工具"选项。在进入的页面中即可选择产品转化页模板，或者填入必要信息，生成简易模板，如图93所示。

△图93

利用卡券打通线上到线下

蓝v账号可以设置卡券，从而吸引更多观众前往线下消费。而到线下消费的顾客，商家会通过一系列活动让玩家拍摄线下活动视频，再发布到抖音，从而形成线上到线下，再回到线上的闭环。

仍然需要登录网站e.douyin.com，依次点击左侧导航栏中的"经营工具中心"→"营销转化工具"→"卡券中心"选项，即可进入卡券平台，如图94所示。点击"创建卡券"按钮，即可创建代金券、兑换券或者通用券。点击某类卡券后，按页面要求填入相应信息即可。

△图94

评论置顶功能增加视频热度

蓝v认证账号可以将优质评论置顶，从而起到增加讨论或者完善视频内容的目的。一些有创意的"神评论"可能会比内容本身更精彩，进而提高视频热度。

操作方法非常简单，在登录e.douyin.com网站之后，依次点击导航栏中的"运营中心"→"短视频管理"选项。然后点击需要置顶评论的视频，点击"查看评论"按钮，在进入的页面中即可对评论进行置顶操作，如图95所示。

需要注意的是，评论置顶不会立即生效，需要抖音官方对其进行审核，审核时效为2小时。

利用企业号实现关键用户管理

蓝v认证账号可以通过E后台，即e.douyin.com，实现自动筛选"关键用户"，也就是那些有过私信沟通、组件进行留资（通过账号内附加组件留下了相关信息）及访问过主页的用户。而且还能通过后台对这些用户进行信息录入，包括用户状态、联系方式、地区、用户标签等，每个用户最多可添加5个标签。

管理方式非常简单，同样需要登录网站e.douyin.com，点击左侧导航栏中的"运营中心"→"用户管理"→"用户信息"选项，即可对每一位"关键用户"进行管理，如图96所示。

◬ 图 96

遇到这4个账号问题不要慌

在抖音运营过程中，难免会遇到账号登录不上、账号被处罚等问题，这时千万不要慌张，其实大部分情况下，通过抖音的相关功能即可解决问题。

账号登录不上怎么办？

由于抖音有很多种登录方式，一一介绍其登录不上的原因会过于烦琐。所以此处只讨论无法通过手机号登录的情况。

如果使用手机号无法登录抖音，建议将抖音升级到最新版本后，再次尝试登录。需要注意的是，如果收不到验证码，则在确定手机号输入无误的情况下，检查手机是否已经停机或者是否有信号，然后看一下垃圾短信箱，也许是因为该信息被屏蔽了。实在不行，可以点击页面下方的"获取语音验证码"进行获取，如图97所示。

▲图97

账号被处罚怎么办？

如果账号发布了不符合抖音规定的内容，就会被处罚，并收到通知。遇到这种情况，要先搞清楚具体是视频中的哪部分内容违反了相关规定，从而在今后制作视频时不再犯相同的错误。

在了解了处罚原因后，如果认为不合理，则可以进行申诉。需要注意的是，在选择其中一种申诉理由后，其要求的申诉材料一定要完整提供，否则申诉一定不会成功。

另外，如果是因为涉及广告内容而被申诉，并且自身是企业用户，则可以申请蓝v认证，一旦通过，则可以免除处罚。

新买的手机号显示已被注册过怎么办？

如果使用新购买的手机号登录抖音发现已经注册过一个账号，则可能因为这个手机号是被运营商回收并二次放出的，而且手机号原来的主人并没有解绑抖音。

遇到这种问题，可以进行申诉。一旦申诉通过，即可在重新登录时，生成一个新的账号。需要注意的是，申诉时务必使该手机号处于登录抖音的状态。

申诉入口可以在"设置"→"账号与安全"→"抖音安全中心"→"常见问题"中找到相应问题，在进入的界面中点击红色"点击这里"字样进行申诉即可，如图98所示。

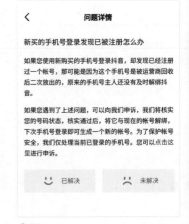

▲图98

如何判断账号是否被限流、降权？

作为账号运营者，一旦发现视频流量比较低，就会怀疑是不是被降权或者限流了。尤其是一些之前本来就受到过处罚的账号，运营者更会经常有这种担心。其实通过抖音后台的账号检测工具，就可以确定账号当前的状态。具体操作方法如下。

❶ 进入"创作者服务中心"界面，点击"通用能力"分类下的"账号状态检测"选项，如图99所示。

❷ 点击"开始检测"按钮后，抖音会对账号多项功能进行检测。如果没有问题，则会显示如图100所示的界面。

⚠ 图 99

⚠ 图 100

第 3 章

拍视频前先做好规划

为账号进行定位

在开始着手创作视频内容之前，要先明确做哪方面的内容，以什么方式表现该内容，以及内容应该具备哪些特点等。而这些工作总结起来，其实就是对账号进行定位。

只有明确了自己账号的主攻方向，才能确保内容的垂直度，打造出鲜明的账号特点，并吸引目标受众人群。下面介绍为账号进行定位的四大关键点。

基本原则：当下账号的"蓝海"在垂直领域

所谓"垂直领域"，其实就是在某一细分领域做内容的含义。账号在进行定位时，务必要确定专攻哪一方向的内容。因为只有深挖某一细分领域，才能更好地突出账号定位，从而实现一提到某一账号，观众就会立刻反映出其是做什么内容的，进而由垂直内容反映出内容创作者在某一领域的专业性。

需要注意的是，即便你在多个领域都比较专业，也不要尝试将不同领域的内容在一个账号中发布。当想要去迎合所有用户，利用不同的领域来吸引更多的用户时，可能会发现所有

用户对于账号的黏性都不强。因为目前抖音已经在各个垂直领域都拥有头部大号，当进行多领域内容融合时，观众就会更倾向于关注多个垂直账号来获得内容。因为在观众心中，总有一种"术业有专攻"的概念。

以上是从观众角度来谈账号应该在垂直领域进行定位的问题，而从抖音流量扶持角度来看，在垂直领域做内容的账号也更具优势。因为对于此类账号，抖音会打上标签，并对受众进行精准投放，从而有利于提高视频流量。

个人擅长：在擅长的领域做内容才能保证质量与数量

因为一个账号往往要进行长期的运营才能实现粉丝的积累和稳定的变现，因此能否持续输出高质量的内容非常重要。那么在进行账号定位时，其领域是否是自己擅长的，就显得尤为重要。

例如，大家都知道做美妆、洗护、减肥、健康类的短视频带货量非常大，变现也很快。但如果自己本身不是这方面的行家，而且颜值也不是很高，那么在做这方面内容时可能就会力不从心。

但如果你本身很胖，想通过运动和饮食进行减肥。那么只要能够坚持，并且在减肥过程中积累了一些自己的经验和方法，就可以以此作为账号定位，发布与瘦身饮食或者健身相关的视频。比如图1所示的"丽丽轻食餐"抖音号，其内容创作者就是通过自己做的减肥餐已经减重30斤，从而将"轻食"作为账号定位。

^ 图1

当然，也可以通过自己的工作进行账号定位。如果自己是一名厨师，就可以将账号定位为美食教学类，教观众进行烹饪。

受众定位：想要吸引何种人群直接决定账号气质

同一领域的账号，其受众定位不同，视频风格也会截然不同。做好受众定位是确定内容呈现方式的重要前提。

比如同样是做健身类的抖音账号，如果受众是年轻女性，那么在视频内容上就要找到女性健身方面的需求，如美腿、美臀、美背等。如图2所示，即为典型的以年轻女性为目标群体的健身类账号。

而如果受众是男性健身群体，那么在视频内容上就要着重突出各种肌肉的训练方法，以及以增加臂粗、肩宽等展现男性气魄为目标的健身内容。如图3所示，即为典型的以男性为

△ 图2　　　　△ 图3

主要受众的健身类账号。即便不看内容，只通过封面就可以看出受众定位不同，对于内容的影响是非常明显的。换而言之，只有确定了受众定位，才能有针对性地进行视频录制。

竞品分析：系统分析同类账号的优缺点

在进行账号定位时，可能会因为对所选垂直领域的理解不够全面，从而忽视某些细分领域。建议在确定账号所属领域后，搜索出该领域10个拥有200万粉丝以上的账号。通过分析这些账号所处的细分领域，来确定哪些内容更受观众欢迎。

同时观看这些账号中的爆款视频，分析它们的优点和缺点。需要注意的是，优缺点的分析一定要参考观众的评论，总结出观众夸赞该视频的几个关键词，再总结出观众表达不满的关键词。结合自身情况，思考一下能否做到那些观众夸赞的内容，以及能否避免观众表达出不满的内容。这样在进行账号定位时才会更具体，也让接下来的内容创作有据可依。

△ 图4

至于如何搜索某一领域的头部账号，可以在DOU+定向版中自定义定向推荐的"达人相似粉丝"选项，当选择某一领域后，其对应的头部主播就会显示在右侧列表中，如图4所示。

确立人设的重要意义

一个账号有了人设，就有了灵魂。人设的确立会吸引更多的观众，进而为之后进行视频带货打下基础。

理解何为人设

所谓"人设"，对于短视频而言，就是视频中的人物展现给观众的直观形象。这种形象在该账号的所有视频中应该是相对统一的，进而让观众对视频中的人物产生特有的印象。这个"印象"会让该账号与其他账号形成差异化，从而提高粉丝黏性。

比如抖音号"美石在北京"，其视频中的人物就是一位土生土长的北京姑娘，操着一口老北京方言，再加上大大咧咧的性格，给人一种爽快劲儿，如图5所示。这种"爽快劲儿"其实就是该人设的核心点。那么凡是热爱美食，又喜欢和爽快人打交道的观众，就更容易成为其粉丝。而其他美食类探店账号，即便内容质量再高，缺少这么个爽快人儿，依然无法吸引到"美石在北京"的粉丝，这就是人设的重要作用。

△ 图5

先人设、后带货

如果在对账号进行定位时确定要有真人出镜，那么人设建立的优先级是最高的。因为对于带货视频而言，想通过商品吸引用户、黏住用户几乎是不现实的。而只有靠"人"，才能吸引住观众，拴住观众，进而促进带货转化。

"先人设、后带货"这种方式其实也是在短视频、直播时代所特有的。正是因为短视频与直播的兴起，人们的购物方式除了"人找货""货找人"之外，又多了一种"人找人"。也就是购买的原因不是因为我需要某种商品，所以去寻找某种商品，或者是平台通过大数据向我推荐商品，而只是因为我相信某个主播，那么他推荐的商品我信得过，所以才购买。因此逐渐形成一种"等着这个人什么时候推荐这种商品，然后再购买的"新型消费理念，简称"人找人"，也被称为"信任经济"。

△ 图6

在这种情况下，如果想在短视频带货领域有长远的发展，并且获得可观的收益，就必须通过建立人设，争取到观众的信任。所以一些短视频创作者在运营前期，由于怕影响人设建立，并不卖货的，只进行纯分享，为的就是"信任"二字。比如美妆类头部账号"广式老吴"，就是以鲜明的人设深得粉丝喜爱，再加上所有的推荐都是自己觉得好用的，所以口碑非常好。即便如此，她仍然会做一些纯分享、不带货的视频，如图6所示。

无人设带货只能挣快钱

相信一些朋友也听说过运用资本的力量，多账号矩阵投放DOU+，从而让无人设、纯商品介绍，并且效果相对低劣的视频迅速得到大面积扩散，同样能够获得不错的收益的案例。但事实上，随着抖音审核力度的增加，这种带货方式已经无法在今天实现了。

当然，这并不意味着无人设就不能做带货视频，只不过在现今竞争如此激烈的环境下，无人设本身就存在着天然劣势，所以如果想长久地通过某个账号变现，无人设带货视频是非常难做的。只能依靠小概率的商品演示刚好戳中消费者痛点，并且市面上没有替代品的情况下，才可能获得不错的收益。但由于这种商品很难遇见，即便遇见了，大部分利润也不会落进普通内容创作者的口袋，因此最多趁着热度赚点快钱，想要获得稳定的订单转化是不可能的。

也正因为无人设带货的种种劣势，所以目前在抖音上已经几乎看不到可以广泛传播的无人设带货视频了。

确立人设拓宽带货方式

上文已经提到，短视频和直播的火爆带来了"人找人"这种购物方式。在这种情况下，观众更看重的是你这个人，而对于你带的是什么货，其实已经不是那么重要了。当然，商品的质量还是要达到一定要求的，否则口碑会逐渐降低，人设也会崩塌。

因此，很多人设打造非常成功的内容创作者更容易在星图平台上接到订单。原因在于商家知道无论任何商品，只要是这个人带的货，就会有观众看，这是一种对流量的保证。所以这类内容创作者的带货方式相对会更丰富一些。比如美食类账号"野食小哥"的带货方式往往是在户外烹饪美食，并售卖其中需要的食材。而因为其人设已经深入人心，所以在推广聚划算"蘑菇盒"产品时，即便加入了室内展厅餐馆环节，仍然获得了很高的播放量，如图7所示。

除此之外，人设鲜明的内容创作者在拓展直播带货业务时也会如鱼得水，快速找到直播的风格和节奏。

▲ 图7

寻找适合自己的人设

通过上文，读者已经了解了确立人设的重要作用，它可以为视频带货带来很多优势。而人设一旦倒塌，就会让一个账号瞬间跌落低谷，几乎没有再次得到关注的可能。而为了让人设能够长久存在下去，就要根据自身情况寻找适合自己的人设。

根据自身社会角色确立人设

根据自身社会角色确立人设是最简单可靠的一种方式。因为在社会中，每个人都有自己的角色。在工作中的角色，可能是职员或者领导；在家庭中的角色可能是爸爸、妈妈，同时也是儿子或者女儿。因为人们对这些角色再熟悉不过了，所以将其呈现在视频中就会显得特别自然，并且很容易维持，很难倒塌。

比如育儿类头部账号"育儿女神蜜丝懂"，其本身就是一名年轻的母亲，所以在视频中表现出一种温柔、善解人意的妈妈形象时，就非常自然且深入人心，如图8所示。

图8

根据个人喜好确立人设

抖音短视频账号的运营是一个长期的过程，而为了让这个过程可以更轻松地坚持下来，兴趣爱好起到了关键作用。

每个人在做自己喜欢的事情时都会充满干劲，并且在过程中也会产生很多想法。对爱好的执着会让你自然而然地在表述某些内容时形成自己的风格。

比如图9所示的"铭哥说美食"抖音号，在视频中"铭哥"介绍美食做法时的语气分外带感，表现出了那种"这么就倍儿香""这么做准没错"的自信。这种"自信"的语气与其对美食的热爱定然分不开。这种情绪会感染到观众，进而形成其在观众心中的人设。

另外，由于是自己喜欢的领域，所以在短视频制作过程中也更容易表现出自己的真性情，更容易达到一种像和朋友聊天的状态，这种状态往往会吸引更多观众。

图9

根据带货产品的特点确立人设

一些短视频内容创作者由于具有某些商品资源，所以在创建账号时就已经确定了自己带货商品的种类。比如图10所示的茶类抖音号"茶七七"，由于视频带货的商品是茶叶，而茶叶作为中国传统饮品之一，具备很深厚的文化底蕴。为了让视频内容与商品的调性一致，所以其中的人物自然也要温文尔雅，穿着传统服饰，并且每一个动作都一板一眼，稳重大方，这样才能让观众更容易领悟到茶之韵，也更容易形成转化。

需要注意的是，为了产品而打造的人设，多少会与人物本身的性格及日常的行为、说话方式有所区别，所以其存在较多的表演成分。此时就不建议录制种草口播类内容，甚至可以不录制声音，防止出现视频内容不协调的情况。

因此，视频的呈现方式也要根据人设的需求进行调整，将表演成分较多的带货视频录制成微电影或者宣传短片的方式其实更为合适。

△ 图10

不要凭空捏造人设

即便是录制剧情类短视频，其人设也不要完全脱离人物本身，否则一旦表演功力不到位，很容易产生做作之感。而且完全捏造的人设，很难确保在多个视频中给观众带来相近的形象和性格认知，因此容易出现人设崩塌的情况。

由于拍摄短视频的人设定位是掌握在视频创作者手中的，这与拍电视剧、电影有很大不同。因此在对人设进行定位时，务必考虑自身的情况，可以有表演成分，但要适度，否则对之后的内容创作和粉丝维护都会造成负面影响。

强化、改进人设表现的方法

根据观众评论增强人设

发布几期视频进行人设建立后，在观众的评论中势必会有一些与人设相关的讨论，比如"这人也太逗了吧"或者"怎么这么楞"等。这些评论可以指明人设未来改进或者增强的方向，从而让特点、风格更突出。

另外，通过评论还可以对观众进行定位，确定是哪些观众爱看自己的视频，进而根据这类观众的喜好进行人设塑造，实现精准打击，逐步巩固自己的风格与定位，吸引更多同类观众。

比如图11所示的抖音账号"卷卷好饿"的几条评论，其中"少吃点吧""看你吃东西好香额，饿了饿了"都可以分析出观众其实很喜欢看"卷卷"大口大口吃得很香的画面。

所以，在接下来的视频中就可以有意识地在吃东西时不要太注意形象，吃得"狼吞虎咽"一点，从而让人设更突出。

让场景与人设相融合

在录制视频时，要注意人设与场景是否能很好地融合。当场景营造的氛围与人物人设相符时，画面就会显得很自然，观众也会看得比较舒服。而如果人设与场景氛围不符，则会显得尴尬、做作等。

依旧以"卷卷好饿"这一抖音号为例，由于"卷卷"给人一种邻家女孩儿，很爱吃，并且总能找到好吃不贵的小地方这样的感觉，所以当其出现在各种胡同店、街头巷尾不易发现的宝藏小店时，就会显得非常亲切。比如图12这种小店，再配上抖音号的人设，即便只看店面，就会让人感觉很有食欲。

从其他平台寻找人设改进方向

在短视频起步阶段，可能会有一段时间几乎没什么人评论、点赞，当然流量也很低。这种情况下，因为没有反馈，所以很难判断自己的人设搭建是否成功，也找不到改进的方面。此时建议去看看同领域的，并且与自己人设定位相近的头部大号。不但要看视频内容中人设的感觉，还要注意看评论，从评论中可以发现一些塑造人设的思路、方向，以及当前人们爱看什么，喜欢讨论什么，也许还能找到不错的选题，进而提高自己视频的质量。

而且，在寻找话题、了解关注热点方面，除了可以看抖音、快手平台短视频下方的评论外，还可以在其他App中看大家的讨论，比如网易云音乐下热门歌曲的评论，或者微博中的评论等，同样可以带来灵感。

如图13所示就是在一首歌下，有人评论说高考结束后，暗恋对象通过了好友请求，是不是证明"有戏"，下面很多人在回复。如果自己的人设比较清纯、阳光，那么这就是做情感类剧情短视频一个很好的创作点，完全可以根据这种很多人经历过，容易产生共鸣，又容易被忽略的举动，扩展出相应的内容，并强化自己的人设。

△ 图 11

△ 图 12

△ 图 13

选品思路要清晰

靠谱的5个拿货渠道

抖音官方"选品广场"

当开通橱窗后，即可从"选品广场"中选择上架商品。当商品售出后，抖音会自动为账号持有者结算佣金。相比其他拿货渠道，抖音官方的"选品广场"是最有保障，并且带货变现较为便捷的一种方式。

"选品广场"的进入方式也较为方便，点击主页的"商品橱窗"后，即可看到"选品广场"选项，如图14所示。

◬ 图14

自己购买

可以从淘宝、拼多多购买单价低的产品，或者购买可以反复拍摄的产品。选购产品时可以参照以下几个方面。

❶ 是否是品牌产品。

❷ 产品是否应季产品。

❸ 产品本身的卖点是否能够通过视频的方式表达出来，并且吸引消费者。

❹ 产品本身的转化因素，比如是天猫还是C店，DSR评分是否高等。

❺ 是否有同行的一些优质产品出现。参考同行的视频创意和玩法，在此基础上进行升级，使利润最大化。

❻ 这个产品在抖音的历史推广情况。通过数据去查看其他达人推广这个产品的视频，以及推广的具体效果，作为是否筛选这个产品的重要因素，如图15所示。

抖音商品排行榜				更多
排行	商品		抖音浏览量增量	全网销售增量
01		防蚊裤	18.5w	**3372**
02		三江组合艇（不含摩托艇）	16.1w	0
03		走失宝 DNA版 儿童防走失 寻人神器	16.0w	0
04		格林博士恒温速冲奶瓶新生婴儿充电智能数显夜奶神器加热保温奶瓶	15.8w	0
05		Catfour咖啡蓝山风味咖啡三合一咖啡速溶黑咖啡粉饮品袋装40条杯	14.9w	0
06		西班牙安徒生·小天鹅干红葡萄酒750ml（拉飞哥专属）	12.4w	**4.7w**
07		连云港 盐渍裙带菜 5斤/箱	11.8w	**2.8w**
08		晨光A4纸打印复印纸70g白纸80g单包一包500张整箱5包一箱a4打印纸木...	10.2w	0
09		阿姐家我超有气质的 网纱拼接包臀裙气质小黑裙	8.9w	**4343**
10		MZ CIRCULAR雨哥家2020夏款法式气质西装连衣裙职场 KS	8.5w	0

◬ 图15

抖音验货群

群主接单，分发给群成员，这类群在网络上一搜就会出现很多，如图16所示。如果是抖音粉丝高于1000或者有靠谱货源的商家，也可以私信群主将自己拉进验货群。

△ 图16

商家提供

有粉丝基础的抖音账号，商家会主动联系你，把商品寄过来让你推广，由团队进行拍摄，并且分发到团队的达人账号上，甚至分发给中腰部抖音账号的运营者，从而获得尽可能大的曝光，这个产品能够火爆起来的机会也更大。

拍摄完视频之后还有两个操作，一是剪辑视频，二是确定发布视频的文案。

其中剪辑比较简单，重点是发布的文案是否能够引导用户的点击及成交。市面上很多非种草达人，他们的视频可能很有意思，点赞也很多，播放量也很大，但是就是卖不出去货，究其原因就是本身文案的引导不够吸引人。

文案的核心就是人们对于产品本身卖点的提炼，简单来说就是通过"说人话"把这个产品的卖点给表达了出来，引起观众的某种共鸣或认可，从而获得更多的点击和转化。

其次就是在推送视频之后要做好数据监测，视情况决定是否投放独家或者是否重新拍摄。

对于数据表现好的视频，很多短视频团队一般给予500~3000的DOU+进行测试；对于一些视频数据不好或者反馈比较差的视频，但产品本身也不错的，可能也会决定重新进行拍摄。

抖音验货平台

除以上几种验货方式外，下面再向大家推荐几个验货平台。在平台注册之后，验证抖音号，然后就可以申请商品，如达人推、大淘客、精准库、推闪、搜淘客和选单网等，如图17所示。

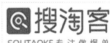

△ 图17

根据商品卖点确定带货视频的创作思路

商品的卖点主要分为3类，一类是商品卖的是功能，如工具箱、扫地机器人等；另一类商品卖的是品牌加功能，如耐克的鞋子等；其余的商品卖的几乎完全是品牌，如LV的包、万国的手表等。

△ 图18

功能性为主要卖点的视频创作思路

对于把功能作为主要卖点的商品而言，由于并没有一个非常强势的品牌，因此大家在购买时，只需要知道这个商品能够满足自己的需求、性价比合理，那么就会进行购买。

而视频带货恰恰能够将这些商品的功用展示得淋漓尽致。因此通过主播多方位展示商品的功能和使用方法，能够让大家相信这个功能是可用的，商品是没有问题的，功能是能够符合自己需求的，进而更容易获得不错的转化。

比如图18所示即为视频创作者通过健身教学在实际演示阻力带的使用方法，观众可以通过视频对商品有一个充分的了解。

换句话说，采用视频带货销售这些商品时，视频的主要功能解决的是信任问题，在商品使用过程中，所有的性能参数都变成了活灵活现的操作及效果展示，自然就更容易打动消费者。

因此只要这些视频能够获取用户的信任，从真实展现商品功能这个角度出发，就能通过视频将自己的商品推销出去。

品牌+功能为主要卖点的视频创作思路

对于"品牌加功能"的商品而言，创作视频时要考虑该品牌在这个行业中是否为强势品牌。如果品牌本身具有强大的号召力，应该在品牌的基础上去讲解商品的功能。反之，如果这个品牌在这个类别中只是二线甚至三线品牌，那么在创作视频时建议采用抱大腿的方法，与一线甚至是顶级品牌进行比对。

通过比对得出结论，通常是在性能相差不大的情况下，价格却相差巨大，从而给予观众购买的理由。

品牌为主要卖点不适合短视频带货

品牌为主要卖点的商品主要指奢侈品。这类商品并不适合采用视频带货的方法进行销售，事实上人们也很少能够看到奢侈品在线销售，它们往往是采取专柜的方法进行销售。因为短视频平台主要是为了走量，而奢侈品的一大卖点就是"稀少"，所以两者是矛盾的，因此不建议通过短视频进行销售。

热销商品的3个特点

根据飞瓜数据所监测的，目前短视频平台的视频可以分为以下类型：网红美女、网红帅哥、搞笑、情感、剧情、美食、美妆、种草、穿搭、明星、影视娱乐、游戏、宠物、音乐、舞蹈、萌娃、生活、健康、体育、旅行、动漫、创意、时尚、母婴育儿、教育、职场教育、汽车、家居、科技、摄影教学、政务、知识资讯、办公软件、文学艺术、手工手绘，在这些类型中，有一些变现实际上是相对容易的，而有一些就相对困难。

女性用品更容易热销

众所周知，在所有的网络消费中，女性的消费能力是非常强的，如果翻看抖音的好物榜和带货的排行榜就会发现，美妆类、洗护类的产品往往是排在前面的。

这些产品不仅是女性的刚需产品，而且通常单价也不会特别贵，因此在抖音带货这样一个平台上，销售量非常高。

价格低廉的商品更容易热销

从本质上来说，抖音并不是一个销售平台，跟淘宝的天然销售属性有非常大的区别。

逛淘宝的目的很明确，就是为了购买商品，而刷抖音大部分是为了娱乐、打发时间，因此在这上面的购买行为通常都是属于冲动型。

冲动型购买行为的一个比较大的特点就是对价格比较敏感。当产品比较便宜时，观众会觉得即使产品有问题，损失也不会太大。这也是为什么在抖音及其他的短视频平台上卖的产品，通常以49元与99元为一个分割线，超过99元的商品销售量就会急剧下降。

所以如果对珠宝比较在行，即使拍摄的视频非常好，珠宝的成色也非常好，变现也会相对困难，这是因为珠宝类的产品价格超出了冲动型消费的价格界限。当然也并不能否认，也有一些凭借短视频将自己的珠宝销售到全国各地的成功案例。但是从比例上来看，投入相同的精力做美妆类、小数码类、女性消费产品或时尚数码消费产品，投入产出比往往比较高。

刚需商品更容易热销

想通过短视频带货获得可观收益，就一定要走量。也就是通过大范围传播，转化几百单、几千单甚至上万单。对于走量的商品而言，首先它必须是绝大多数观众，或者是某一年龄段、某个地域的人们普遍需要的，这是商品能否成为爆款的基础。

而一些小众商品，哪怕视频再精彩，传播再广泛，由于用户基数小，成为爆款的可能性就非常低。

所以，如果将短视频作为一个创业的方向，作为一门生意，在创作短视频时，就一定要围绕着价格比较低廉、购买频次比较高、属于刚需消费的一些产品，并通过这些产品向外进行拓展，做一个垂直的方向。

虚拟商品也是带货的一种选择

对于内容创作者而言，绝大多数都会选择实物商品作为带货目标。毕竟实物商品看得见、摸得着，可以通过视频真实、客观地向观众反映商品，更容易引起冲动消费，所以很多人会忽视虚拟商品的创业机会。事实上，虚拟商品也有实物商品所不具备的优势。

常见的虚拟商品

一提到"虚拟商品"，读者可能一时间想不出在抖音有哪些虚拟商品在售卖，所以下面先介绍几种，也许能帮助读者打开抖音带货的新思路。

虚拟商品中最重要的分类就是"知识付费"。在抖音上通常以视频、直播课程或者线下课程售卖为主。比如"好机友摄影"作为摄影教学账号，其售卖的产品就是摄影视频课程，如图19所示。另外，一些健身、绘画、音乐等领域还有付费直播课。无论是教学视频还是教学直播，其实售卖的都是"知识"。

△ 图19

另外一类则是"服务付费"，也就是通过短视频来宣传可以为观众提供哪些服务，进而吸引观众对这项服务进行付费，比如图20所示的视频所带货品即为"婚纱摄影"服务。除此之外，如家政服务、金融服务、美容美发服务等，在抖音上都有账号深挖此类虚拟商品带货。

虚拟商品的内容选择范围更宽泛

在制作实物商品的带货视频时，每个视频的内容都要根据商品进行量身定做。而对于虚拟商品而言，由于其不是特定的物品，所以在内容上只要在垂直领域内，就可以起到带货的作用。

比如带货商品为摄影课程，那么视频内容只要是与摄影教学相关，无论讲解的是人像摄影还是风光摄影，都会引起观众寻求更多摄影教学内容的兴趣，进而促进其购买课程。但对于实物商品而言，如带货电饭锅，那么视频的相关内容就必须需要使用到电饭锅，或者通过剧情引入电饭锅，则多少会对视频内容有所局限。

△ 图20

虚拟商品带货视频的边际成本更低

实物商品的更新换代非常快。精心制作的一条带货视频，由于商品的更新换代，以及其他更好的替代品的出现，在很短时间内可能就不会继续带来转化，那么就需要制作新的带货视频，售卖新的产品。但是由于虚拟商品的迭代速度往往较慢，所以制作一条相关视频的时效性会更长，其带货效果也会持续存在，进而降低其边际成本。

第 4 章

带货视频内容为王

抖音对"好内容"的片面定义

很多内容创作者会有这样的疑惑，明明自己制作的视频质量很高，即便与同领域的头部账号相比也不遑多让，但无论是播放还是点赞、评论，都少得可怜，这是为什么呢？是因为内容不够"好"吗？

抖音中的"好内容"是指大多数观众爱看的内容

首先要明确的是，在抖音中，"好内容"就是指那些播放多、点赞多、评论多的视频。而"不好"的内容，自然就是这3个指标相对较低的视频。

因此，抖音对于内容好坏的定义，其实不是针对内容本身的质量及实用程度来确定的，而是根据用户的"反馈"来确定的。

所以，一些视频虽然从内容本身上来看非常优秀，但观众并不买账，喜欢这个视频的人也比较少，那么在抖音中，就不能算作"好内容"。如图1所示。

这就会导致一些非常小众但质量很高的视频，进入一个由于喜欢的人少，导致没有播放，没有播放就更难被人看到的死循环。也正因如此，如果不特意搜索相关内容，抖音自动为人们推送的永远是那些大众的、通俗的内容。

△ 图1

比如图1所示的与水处理相关知识讲解的视频，该内容全面、详细，讲解清晰，其实是质量很高的水处理课程。但就是因为受众太小，而且视频时长太长，与抖音的"短视频"定位和受众所需的、适合碎片时间观看的需求不符，导致播放量、点赞和评论都比较低。

抖音中"好内容"的特点

在每一个时代，都存在着相对统一的"普遍审美"。也就是绝大多数人喜欢的事物是有共同特点的。

考虑到抖音中的"好内容"是指"大多数观众爱看的内容"，那么只要观看了足够多的高播放、高点赞、高评论的视频，就一定可以总结出抖音受众的"普遍审美"，继而作为视频创作的"方向标"。

观众看得懂的才是"好内容"

由于绝大多数人上抖音都是为了放松一下、轻松一下，所以那些晦涩难懂的内容通常会被观众所排斥。一旦发现自己看不懂或者觉得费脑子，就会直接滑到下一个视频。

因此，对于搞笑类视频而言，创作者要考虑到"笑点"是否直白，是否直观，甚至要为表现笑点的人或物进行特写拍摄，让观众一眼就能看到、看懂。

而对于科普类内容，则务必注意语言是否通俗易懂，举例是否接近生活，尽量让观众容易理解。

比如科普类抖音号"空间一号"在制作介绍"量子物理"这种很晦涩难懂的知识时，就采用了从"站队"开始引入的方法，先说明人在每种事物面前都会站队，比如"有的人喜欢猫，有的人喜欢狗"，如图2所示，然后再进一步讲科学史上人们对某种观念的站队。这种由浅入深的做法，就是为了吸引观众继续看下去，让其感觉"看得懂"，从而不至于立刻跳转到其他视频。

▲ 图2

节奏快的才是"好内容"

抖音平台主打"短视频"，那么来抖音平台看视频的观众大多数肯定是冲着"短视频"来的。所以"长视频"在抖音平台相对而言更难获得高流量。

而为了让视频既"短"又有一定的内容，就要求节奏比较快。这也是为什么抖音上的大多数视频，画面变化节奏快，语速也很快的原因。

比较典型的当属剪辑类教学视频，比如图3所示的抖音号"大凯很努力"，为了将每个案例教学控制在1分钟以内，无论是操作画面还是讲解时的语速都非常快，从而给观众一种很快就能学会的感觉。当然，无论是语速还是操作，很可能是通过后期"变速"实现的。但总之，快节奏的视频可以让观众在碎片时间内获得更多的内容，更容易受到欢迎。

▲ 图3

不需要思考的才是"好内容"

大多数看抖音的观众，不是为了学习、提高自己，而是为了放松一下。所以那些需要思考的内容，要想获得高流量是比较困难的。而一些不用动脑子就可以让观众或开心、或惊喜、或兴奋的内容，则往往会成为爆款中的爆款，如换装类、搞笑类、剧情类短视频等。

其中最典型的是"换装类"视频。此类视频几乎没有任何内容价值，但就是因为其在短时间内不需要观众做任何思考，就能产生强烈的视觉冲击力，所以会出现大量点赞量在百万级的视频。像换装类的头部账号"刀小刀sama"，其视频点赞量平均在几十万，部分短视频甚至会达到600万点赞，如图4所示。

△ 图4

或轻松、或开心、或激昂的才是"好内容"

不可否认，一些令人伤心、难过的视频依然会受到很多观众的喜欢。但与可以让观众感到轻松、开心或者激昂的内容相比，其受到的关注及出现的爆款的概率要小很多。所以如果本着出"爆品"的目的来制作视频，建议各位读者选择制作可以激发正面情绪的视频。

比如图5所示即为抖音2020年最火背景音乐的第一名——《迷失环境》，而在前5名中，有4首歌曲的情绪都是比较激昂。即便是前5名中唯一一首稍带伤感的音乐《飞鸟和蝉》，其节奏相比伤感慢歌而言也更活泼一些。

而从情绪激昂的背景音乐被使用得更多这一点则可以分析出，更多观众喜欢这种感觉的短视频。所以视频创作者为了高流量，固然要"投其所好"。因此，除了音乐之外，在内容上如果也可以向着活泼、轻快、开心这个方向去制作，获得高流量的概率自然也就更大一些。

△ 图5

让选题思路源源不断的方法

与任何一种内容创作相同，如果要进行持续创作，就必须不断找到创作思路，这才是真正的门槛，许多账号无法坚持下去也与此有一定的关系。

下面介绍 3个常用的方法，帮助读者找到源源不断的选题灵感。

蹭节日

拿起日历，注意是那种包括中、外各种节日的日历，另外也不要忘记电商们自创的节日。

在这些特殊时间点，要围绕这些节日进行拍摄创作，因为每一个节日都是媒体共振时间点，不同类型、行业的媒体都会在这些时间节点发文或创作视频，从而将这些时间节点炒作成为或人或小的热点话题。

以5月为例，有劳动节和母亲节两个节日，立夏和小满两个节气，就是很好的切入点。

围绕这些时间点找到自己的垂直领域及带货商品与其产生的相关性。例如，以"母亲节送给妈妈什么礼物？"为选题，美食领域可以出一期选题"母亲节，我们应该给她做一道什么样的美食"；数码领域可以出一期节目围绕着"母亲节，送她一个高科技'护身符'"主题；美妆领域可以出一期节目"这款面霜大胆送母上，便宜量又足，性能不输×××"，这里的×××可以是一个竞品的名称，从而顺理成章地进行商品推荐，如图6所示。

▲ 图6

只要集思广益，总能找到自己创作的方向与各个节日及所带商品的相关性，从而成功蹭上节日热点。

蹭热点

此处的热点是指社会上的突发事件。这些热点通常自带话题性和争议性，利用这些热点作为主题展开，很容易获得关注。

那么，如何捕捉热点呢？首先要多多浏览各个新闻终端的推送，可以多关注头条热搜、微博热门话题、百度热榜等的榜单，从而时刻紧跟社会热点。

▲ 图7

如果想查看抖音最新热点，打开抖音App，点击右上角的图标，即可在打开的界面中找到"抖音热榜"，如图7所示。

需要注意的是，不能强蹭热点，因为不同的热点与不同的领域是强相关，与某些领域是弱相关，与其他领域可能不相关。例如，在脱口秀演员池子与笑果文化打官司的事件中，中信银行为了配合大客户要求，擅自将池子的银行流水提供给了笑果文化。这一热点事件与金融、监管、理财、演艺等领域强相关，与美食、美妆、数码、亲子等领域弱相关，甚至不相关。

因此，即使在弱相关的领域强蹭热点，不仅会让粉丝感觉莫名其妙，平台给的推荐流量也不会太高。

同时需要格外强调的是，对于带货视频而言，由于具有利益属性，所以不建议蹭一些与国情相关或者能够激发出民众普遍正义感的热点。如国难相关新闻热点、挑战社会道德底线的热点等。

蹭同行

这里所说的同行，不要理解得太狭隘，这其中不仅包括视频媒体同行，但其实在更广泛的意义上，是指与视频创作方向相同的所有类型的媒体。

首先，除了如图8所示，在抖音上搜索相关领域的头部账号并关注，还要在其他短视频平台上找到相同领域的网红大号。

其次，还应该关注图文领域的同类账号，如头条、某信公众号、某家号、某鱼号和某易号等，如图9所示。

视频同行的内容能够帮助新入行的"小白"快速了解围绕着一个主题，如何用视频画

⚠ 图8

⚠ 图9

面、声音音乐来表现，能够培养自己的画面感觉，也便于自己在同行基础上进行创新与创作。

经营阅读图文类同领域的媒体内容，则便于挖掘新选题，因为有些爆文是可以直接转化为视频选题的，只需按文章的逻辑重新制作成为视频即可。

在抖音后台寻找创作灵感

其实抖音后台为内容创作者提供了很多有利于找到创作灵感的资源。在"创作指导"选项中，可以直接浏览热门视频、创作热点、热门话题、热门搜索词、热门道具及热门音乐等。通过这些"热门"资源，可以让创作者准确找到流量集中的地方，进而结合自己所处的垂直领域，激发出创作灵感。

获得这些资源的方法非常简单，具体操作方法如下。

❶ 打开抖音官方网站，登录后点击界面上方的"创作者服务"选项。

❷ 点击界面左侧"创作指导"选项，即可找到相关资源，如图10所示。

❸ 在如图10所示的界面中，除了可以选择各类"热点"信息，还可以选择美食、旅行、汽车等不同领域，从而与自己的内容创作高度关联。

⚠ 图 10

在学习中成长——教你拆解热门带货视频

刚做带货短视频的朋友一定有这样的疑问，所拍摄的视频质量也不低，为什么不能火？其实问题往往就出在内容上。有些哪怕质量不高的视频，只要内容符合绝大部分观众的口味，依然能成为爆款。而想要学会如何制作出那些"满足观众需求"的内容，必须具备的一项能力就是拆解热门带货视频，找到其成为爆款的根源所在。

搜索对标账号的热门带货视频

在开始拆解热门带货视频之前，首先要找到与自己处于同一垂直领域的对标账号。因为只有分析他们的爆款带货视频，才有借鉴与学习的意义。

需要注意的是，在寻找对标账号时，不要只搜索同领域的头部大号。因为这些账号往往起步非常早，已经积累了大量粉丝，那么视频数据自然会比较"好看"。

为了让借鉴更有意义，建议去选一些粉丝基数不是很大，比如10万左右，而且处于高速上升期的账号。这些账号的高速增长证明其内容势必与观众的需求非常吻合，那么分析他们创作的爆款视频则会更有意义。

可以通过第三方数据平台"飞瓜"免费搜索到相关领域的快速增长账号。具体操作方法如下。

❶ 百度搜索"飞瓜数据",进入带有"官方"蓝色标识的网站,如图11所示。

❷ 点击"抖音版"按钮,如图12所示。

△ 图11

△ 图12

❸ 依次点击左侧导航栏中的"播主查找"→"播主排行榜"选项,继续点击界面上方的"成长排行榜"选项,然后选择所属领域。在图13中选择的是"美妆",随即可以看到处于高速增长的美妆类账号。从中选择增长较快且粉丝基数在10万左右的账号进行关注即可。

△ 图13

从热门视频中了解如何选品

需要提前说明的是,对于在进行视频创作之前就已经确定带货商品类别的内容创作者而言,其逻辑是先选品,再做视频,所以也就没有从热门视频中了解如何选品的必要了。

而对于一些先内容,后选品的,比如剧情类视频的创作者而言,有时视频播放量不错,但订单转化却很少,往往是因为选品的受众与粉丝画像不一致造成的。这时就可以通过查看与自己粉丝画像差不多的垂直领域账号是如何选品的,可以提供很高的参考价值。

那么如何获得账号数据并搜索到目标账号呢?

首先,要先获得自己账号的粉丝画像。登录抖音后台,在"视频"分类下选择"粉丝画像"选项,即可看到性别、年龄及地域分布等信息,如图14所示。

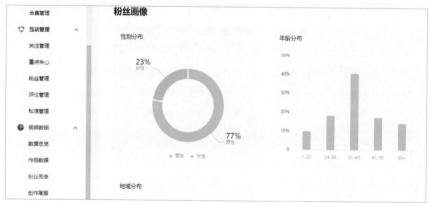

◀ 图14

　　然后前往第三方数据平台，搜索与自己所属领域相同且粉丝画像基本一致的头部账号。接下来，去查看这些账号的爆款视频中选择的都是哪些商品，据此就可以知道如何更改自己的选品了。具体操作方法如下。

❶ 按照上文的方法进入飞瓜抖音数据平台，依旧点击左侧导航栏中的"播主查找"→"播主排行榜"选项。此处选择界面上方的"行业排行榜"选项，然后选择所属领域。在图15中选择的是"剧情"。点击排名靠前的账号右侧的"详情"按钮即可查看详细数据。

▲ 图 15

❷ 点击界面上方的"粉丝分析"选项，查看其粉丝画像是否与自己的账号基本相同。此处主要看性别和年龄分布，如图16所示。

❸ 如果粉丝画像基本一致，则在抖音上关注该账号，并快速浏览其添加了"购物车"的视频，了解其选品。

　　此处以"陈小沫"抖音号为例，图17所示即为该账号的粉丝画像，可以看到其粉丝年龄主要为31~40岁的女性，所以其推广的商品大多为此类人群所需求的，如化妆品、居家清洁用品等，那么这些选品信息对于同一领域的相似粉丝画像的起步账号而言，就非常有价值。

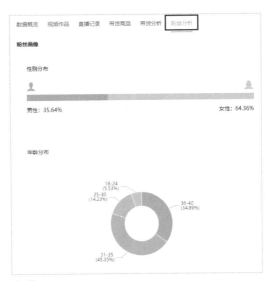

▲ 图 16

▲ 图 17

学习视频结构与叙事逻辑

热门带货视频的结构与叙事逻辑一定是紧凑而严谨的。如果自己创作的视频播放量比较低，不妨思考是否在这两方面出了问题。同时也通过分析爆款视频的结构和逻辑，并加以借鉴，从而提高内容质量。下面以抖音号"橙子老爸辅食做起来"其中一条热门带货视频为例，学习一下其对结构与叙事逻辑的思考。

简单明了的视频结构

在长则几十秒、短则十几秒的视频中，复杂的内容结构只会让观众看得云里来雾里去。而一旦观众出现"看不懂"的想法，就可能去刷其他视频了。

所以在该案例中，视频的结构非常简单，分为展示成品、制作过程、在过程中展示商品和再次展示成品4部分。

首先，视频一开始就端上来一盘馄饨，展示通过该视频的学习可以做出的成品，如图18所示。然后开始介绍馄饨的制作过程。需要注意的是，为了让馄饨的制作过程显得紧凑、连贯，采用一镜头一步骤的方式，如图19所示。

当出现需要使用商品的步骤时，特意加入了两个额外的镜头进行商品展示，图20所示为其中之一，从而做到展示部分也显得干净利落，不拖泥带水。

最后，通过与视频开始不一样的呈现方式，再次展现成品，既对内容进行了收尾，又可以激发观众在看完后进行点赞、评论等行为，如图21所示。

⋀ 图18　　　⋀ 图19　　　⋀ 图20　　　⋀ 图21

连贯的、通顺的内容逻辑

该案例视频整个看下来会感觉非常顺畅、连贯，其原因就在于内容是按照一定的逻辑顺序安排的。其实对于录制制作类带货视频而言，只要按照制作顺序进行视频录制即可，其对于逻辑的要求并不高。但如果是录制剧情类视频，则要充分考虑前因后果，让故事的发展顺理成章。

需要注意的是，即便是像该案例这种制作类视频，在平常操作时，也许其工艺流程并不是特别顺畅，或者说不是最合理的状态。当以此种状态录制成视频后，观众在观看时也会觉得有些别扭。所以最好在录制视频前，先确定最佳的流程，让每一步操作都衔接得严丝合缝，才会形成该案例行云流水的感觉。

比如在该案例的制作步骤部分，其实在准备好虾泥后，加调料与加其他食材的顺序是没有严格要求的。但由于虾泥也属于食材的一种，所以将虾泥放入碗中后接着加入其他食材的逻辑会更通畅。而如果加调料后再加食材，就会感觉不连贯。这就需要在制作视频时，对内容逻辑进行精细打磨。

重点看前3秒和后3秒

"完播率"和"点赞率"是决定该视频能否继续被推荐的重要参数，而决定视频完播率和点赞率高低的关键，就是视频的前3秒和后3秒。如果前3秒能够吸引住观众，那么其看完整个视频的概率会大大增加；如果后3秒的内容能够惊艳到观众，那么其点赞的概率会大大增加。

在该案例中，为了能够在前3秒吸引住观众，不仅在第一个画面就展现了馄饨的成品效果，还在第一个画面突出了其主要特点"一口一个"，如图22所示。而当第2个画面出现时，视频只播放了2秒。也就是说该案例用2秒钟的时间就告诉观众，这个视频你可以学会做什么，以及这个食物更适合宝宝食用这两个重要信息。那么对该内容感兴趣的观众就会被吸引住，并继续向下看详细的制作方法。

⚠ 图 22

而视频的最后3秒，则再次向观众展示了最终的成品，并且与视频开头的成品相比，馄饨的卖相要更好看。再加上动态向碗中盛馄饨的画面，更让人感觉美味，如图23所示。只要在视频最后再一次勾起观众对馄饨的赞赏，觉得"看着真香"，那么就很容易进行点赞。

分析其风格特点

具有风格特点的短视频往往能够形成差异化，从而在大量同类视频中脱颖而出。视频的播放量上去了，带货势必会更加顺利。

如果不知道有哪些风格的视频，或者不知道自己适合打造哪种风格的视频，可以通过大量观看爆款短视频，找到并分析那些自己也能实现的视频风格。

此处以抖音号"姜十七"的一条视频为例，分析一下其风格特点。

⚠ 图 23

通过第一次观看时的感受判断视频风格

在分析某视频风格时，第一次观看时的感受至关重要。因为从中可以得知该视频最吸引观众的特质。然后再通过反复观看，找到能够让观众感受到这些特质的细节。这就是分析短视频风格特点的基本思路。

第一次看该案例视频，就会感受到视频女主是一名外冷内热的人。并且整个视频虽然是在传递温暖却不会张扬，而是一种内敛的、默默的奉献。

其实如果再多看一些"姜十七"的视频，会发现这也是其一贯的风格，也可以说是她独有的人设。那么作为视频创作者，就可以考虑自己是否也有这种"冷冷的"气质，从而决定是否尝试拍摄类似风格的视频。

分析呈现视频风格的细节

在把握住视频的基本风格后，就要通过反复观看，分析是如何通过各种细节营造出这种风格的。在该案例中，为了营造出"姜十七"外冷内热的感觉，笔者总结出了以下5点。

❶ 姜十七的服装比较酷，有利于营造她"外冷"的形象，如图24所示。

❷ 视频一开始，当闺蜜提出绝交时，姜十七冰冷的语言和语气让其"无情"的形象深入人心。

❸ 在回忆和闺蜜以前的日子时，姜十七的热心则与视频开头的冷漠形成反差，进而营造"外冷内热"人设，如图25所示。

❹ 姜十七为帮助闺蜜而躺在病床时那种"小事一桩"的态度，将视频的情绪推向了极致，进而让观众感受到无比的温暖。

△ 图 24

△ 图 25

❺ 从图24与图25的对比也可以看出，在闺蜜提出绝交时，画面明显偏暗，以此衬托出"冷冰冰"的视觉感受；而当回忆之前与闺蜜在一起的日子时，画面明显变亮，用以表现稍微缓和一些的气氛。

正是通过以上在外形、语言及剧情、画面色调的设计，才让"姜十七"这个人物显得有血有肉，栩栩如生，进而形成独有的视频风格。

记录精彩文案

认识文案的重要性

营销学家曾经做过一个实验，给A、B两组人分别看纯图像及带有文字说明的图像。然后采取答卷的方法判断A、B两组人所获得信息的发散度和准确度。

这个实验的结论是，观看纯图像所获得信息的发散程度高于看图像加文字，而观看图像加文字所获得信息的准确度远远高于只看单纯图像。

所以，在创作短视频时，每一个视频都应该配有相应的解释性文案。文案既可以是视频中的文字，也可以是视频中人物的对话，还可以是背景音乐的歌词等。

通过文案可以准确地将商品的作用、特点及优势等传达给观众，从而使其将商品在脑海中具象化，并想象使用商品时的感受。

从爆款带货视频中学习精彩文案

口播种草类爆款带货视频往往能用更准确的词汇、更打动人心的语言来介绍出商品的优势，所以找到那些同一领域的头部账号，在观看他们的视频时，记录下精彩的、会打动自己进行购买的语句，然后运用到自己的视频中，就可以不断地提高带货视频的质量。

比如笔者在观看抖音号"大花总爱买"发布的一条视频后，从中记录了3句认为比较通用的、有助于订单转化的文案。

第一句，"艾特闺蜜就算在不同的学校也要好好照顾自己。"这句话非常自然、巧妙地提示各位进行评论，并@闺蜜，从而让视频得到更广泛的传播。这与直接说"欢迎大家评论、转发"的效果要好太多。

第二句，"秒变行走的空调。"这句话是在介绍当六神花露水与带喷雾功能的水杯一起使用时，能够让人感觉到凉爽而说出的。简简单单7个字，就让观众仿佛感受到了一种凉意。相比"可以让你感觉非常凉爽"这种文案，其优势不言而喻。

第三句，"简直就是懒癌患者的福音。"这句话大家经常听到，但当自己录视频时却不知道用，所以这里也强调一下"记录"的作用。通过记录可以加强记忆，在自己录制视频时就可以灵活运用。而这句话不但通用性非常高，还通过一种诙谐的方式强调了商品会让你的生活变得多么便捷，可以有效激发观众的购买欲。

建议各位每观看一个视频，都将类似的精彩文案记录下来。经过一段时间的积累，必然会成为自己的一笔财富。

值得一提的是，精彩的文案也要与人物的表情相搭配。尤其是一些比较夸张的语言，配合上同样夸张一点的表情，表达效果会更好，如图26所示。

▲ 图26

使用"轻抖"小程序轻松记录文案

如果希望快速获得大量的短视频文案，然后再统一进行研究，建议使用"轻抖"小程序的"文案提取"功能。具体操作方法如下。

❶ 进入抖音，点击目标短视频右下角的➡图标，如图27所示。

❷ 在打开的界面中点击"复制链接"按钮，如图28所示。

❸ 进入微信，搜索并进入"轻抖"小程序，并点击"文案提取"选项，如图29所示。

❹ 将复制的链接粘贴至地址栏，并点击"一键提取文案"按钮，如图30所示。

❺ 稍等片刻后，识别出的文案即显示在界面中，点击"复制文案"按钮，如图31所示。

❻ 长按文本界面，选择需要复制的文字，再点击左上角"复制"按钮，如图32所示。接下来无论是粘贴到手机的"记事本"中，还是粘贴到QQ或者微信中，然后再将该段文字发送到计算机中都可以。

内容为王——打造爆款短视频的5个重点

无论名字和头像选得多精妙，对于平台算法理解得多深入，如果没有精彩的内容作为支撑，所拍摄的视频依旧不会有人看，流量也不会有明显提升，商品也自然没有太高的成交量。所以，内容才是最终决定视频能否火爆全网的关键因素。

能解决问题的内容更有市场

无论任何产品，能解决用户问题的就是好产品。对于短视频带货而言，那些能解决观众问题的、能满足观众需要的内容就是优质的内容，就具备成为高流量、高销量带货视频的潜力。

图33所示为笔者在飞瓜数据带货视频排行榜截取到的画面。

排行	视频内容	品牌	播主	视频点赞增量
01	为什么梦里事情总是差一点就得逞#安卓表显oppowatch2 #oppowatch2 关联商品：OPPO 手环活力版 智能手环 运动手环 心率手环 血氧睡眠...	OPPO	木齐 21 小时前	86.5w
02	有这样 个老爸，到底是应该庆幸还是应该崩溃呀~#歪果仁 #海外生活 #父女日常 关联商品：【顺丰包邮 七夕礼物】完美日记小细眼门红礼盒3支装唇光丝绒眉...	完美日记	瓜家人在洛杉矶 22 小时前	27.7w
03	这样的舍友难道不比招生简章管用？#黑板膏釉 #章友盲盒 关联商品：【热巴同款】colorkey珂拉琪黑板膏釉唇光亮面口红唇彩滋...	COLOR KEY	是亮亮 08月10日	25.9w ↑428.6%
04	俗话说：一个女婿半个儿，夫妻对待双方父母要将心比心，双方要孝敬老人，这样家庭才会和睦，生活才会幸福。#元气早餐 关联商品：元气早餐豆乳植物奶低糖低酰肪高钙蛋白饮料早餐奶豆奶饮品整箱	元气早餐	陈小沫 08月10日	24.4w ↑103.5%
05	家里有鸡蛋就能做电饭煲蛋糕，蛋清蛋黄不用分离，简单实用#抖音818新潮好物节 关联商品：家庭专用蛋糕粉300克/袋 电饭煲烤箱自制蛋糕	BOMING FOOD/新铋明	阿紫美食雕刻 08月07日	23.9w ↑146.4%

△ 图33

这份排行榜的前5名中，其中有3个视频都在内容中通过较长的时间展示了商品可以解决的问题。其中排名第一的OPPO智能手表带货视频，更是从头到尾都在通过实际场景演示可以解决哪些问题，可以让你的生活变得多么方便。而排名第五的视频，则是通过标题就让观众知道视频中的商品有何功用。

因此，构思带货视频内容的重要思路之一，就是思考商品可以解决的问题，并通过实际场景体现出其功用。

视频主题要有足够的吸引力

前面已经介绍了如何让选题思路源源不断的方法，但并不是说思考出的所有选题都能让观众感兴趣，所以要掌握以下4个方法，让选题更符合观众的口味。

1.主题至少覆盖目标群体

任何一个视频账号都有自己的目标受众，因此要考虑这个选题能不能吸引事先确定的目标受众。其次，在能吸引目标受众的情况下，是否对其他群体也有一定的吸引力，是否有进一步提升视频流量的潜力。

需要注意的是，并不是说选题只覆盖某一群体就制作不出爆款视频。恰恰相反，大多数爆款视频都是针对某一特定群体而拍摄的内容。因为当目标群体明确后，视频才能更有针对性，才可以做到直击观众痛点。

比如抖音号"叶公子"制作的一个高达232.8万点赞的视频，演绎了一个"一见钟情"的爱情故事，受众主要是都市中的年轻男女，如图34所示。如果视频内容考虑到年龄大一些的观众，那么势必会造成主要目标群体的流失。

图34

而且，正是由于视频受众明确，性别和年龄都比较集中，那么在加入相应的产品时，其转化也会更高。

但主题的受众范围也不能过小，否则对视频流量的限制就太过明显了。

2.主题要与观众产生共鸣

情感上的共鸣往往是爆款短视频最大的特点之一。一旦视频的主题让观众产生情感上的波动，就极可能出现点赞、转发、关注等行为。

比如抖音号"魔女月野"曾为欧莱雅眼霜录制的带货短视频，其主题就是"渣男"，讲述了刻苦努力的职业女性本来想与男友共同奋斗，结果男友却辜负她，给其他女人花钱的故事，如图35所示。对于女性而言，无论是否经历过这样的事情，都会为视频中的女主感到惋惜、不值得，并且痛恨渣男，所以很容易引起情感共鸣。

而该视频也获得了2864.9万的播放量、164.2万点赞及5910条评论的惊人数据，足以见得营造情感共鸣的重要性。

图35

3.让选题更轻松的选题库

建立两个选题库，分别为爆款选题库和普通选题库。

其中爆款选题库中包含所属垂直领域头部大号的热门视频，以及当前热点话题和平台高流量视频的选题。将这些选题集中在爆款选题库中，然后再根据个人情况和所带货品确定选题。

普通选题库则包含自己在平时刷抖音或者快手时看到的一些流量不是很高，但却带给你灵感的视频选题。包括平常生活中发现的有趣现象，或者能够引发人们争论的话题，都可以记录在普通选题库中。

普通选题库与爆款选题库并不是独立的，有时一个已经被市场验证过的爆款选题，如果与自己平时积累的普通选题库中的选题有一定重合的话，那么往往可以打造一个从全新角度去表现选题的爆款视频。

4.视频选题要有特点

让选题有特点并不是一件很容易的事情，因为目前的短视频平台已经出现同质化现象，也就是一些成熟的账号呈现出的作品都大同小异。

为了能够让视频独具特色，笔者建议读者从自身的优势出发，做自己擅长的事，看看哪些内容是别的视频没有，但是自己又可以实现的。

△ 图36

这样就可以将一些爆款选题做出特色，做出差异。比如同样是在母亲节这一天制作有关"母亲节礼物"选题的视频。如果你是做美食视频的，不妨做一个"今晚给妈妈做一道菜"短视频，从而通过自身情况做出了有差异化的视频。而且抖音官方也会在特定的节日，结合不同的主题设计活动，比如图36所示的"给妈妈做顿饭"就是母亲节期间的活动，也可以起到激发创作灵感的作用。

抓住实时热点话题

实时热点话题会迅速吸引大量观众，提高短视频受众的覆盖面，并且更容易获得高流量。但热点的借用方式还要根据自身擅长的领域和特点进行选择。

获取热点的来源

热点的时效性往往非常强，今天大家都在讨论、关注的事情，到明天可能就没人提起了，所以第一时间获取热点信息非常关键。下面列举3个可以获取当前热点的途径。

（1）今日头条

打开今日头条App，点击界面上方的"热榜"选项，即可看到按照关注度进行排名的榜单，如图37所示。

△ 图37

（2）百度搜索风云榜

百度可以通过数亿网民单日的搜索数据来确定热点。只需要在搜索栏中输入"风云榜"并进行搜索，即可出现如图38所示的界面，其中就包括"热搜榜"。

图38

点击"热搜榜"3个字或"更多"，即可进入详细热搜榜单，如图39所示。点击任意一条热搜后，即可跳转至该热搜的百度搜索界面，查看更全面的信息，如图40所示。

图39

图40

（3）微博热搜榜

微博可以说是目前使用最多的个人网络社交平台之一，而微博热搜也是社会舆论的风向标。进入微博界面后，点击上方的"搜索栏"，然后点击"查看完整热搜榜"选项，如图41所示，即可进入热搜榜单页面。

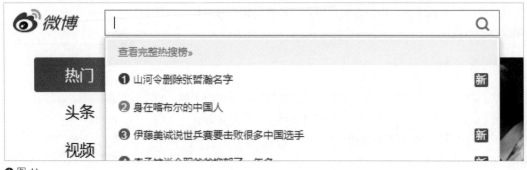

图41

微博热搜榜同样按照热度进行排序，点击某个话题后，即可观看该话题中的相关微博。同时，微博中不仅有"热搜榜"，还有"要闻榜"和"好友搜"，如图42所示，通过它们可以了解更多老百姓正在关注的话题。

热搜榜	序号	关键词	
要闻榜	🏠	复兴号首次试跑我国最东端高寒高铁线	热
好友搜	1	李承铉当全职爸爸抑郁了一年多　4386161	新
	2	身在喀布尔的中国人　2850913	
	3	伊藤美诚说世乒赛要击败很多中国选手　2811427	新
	•	你的抗老到哪一级	商
	4	6岁娃赌气要吃100个冰棍妈妈帮实现　1535325	热
	5	山河令删除张哲瀚名字　1460698	新

⚠ 图42

值得一提的是，笔者几乎是在同一时间对这3个热点获取渠道进行截图，可以发现其展示的热点内容是有一定区别的。其中今日头条和百度搜索风云榜的热搜，政治类相关内容会更多一些。而这类热点其实是很难被运用到短视频中的，而且稍有不慎还有可能产生负面作用。

而微博热搜则更多的是网友感兴趣的八卦、猎奇、民生等内容，更容易在短视频中进行二次创作。并且即便结合这些热点进行带货，也不容易引起非议。

当然，对于今日头条和百度搜索风云榜中除政治以外的其他内容，也往往可以为短视频创作提供不少灵感。

对热点话题进行包装

找到热点话题后，还需要对其进行包装，才能吸引更多的人去观看。对热点话题进行包装主要有以下3种方法。

1.叠加法

既然某个话题已经成为热点，所以单纯地将热点话题通过视频的方式描述一遍，是无法获得较高流量的。

叠加法就是将搜集到的多个热点结合在一起，放在一个视频中去表现。但热点与热点之间要存在一定的联系，增强视频的整体性，而不是简单堆砌。

在将多个热点联系在一起的过程中，势必会有视频制作者对几个热点事件的认识与思考，有利于引发讨论，提升评论数量。

举例来说，就在笔者撰写此段内容时，其中一条热点是"李承铉当全职爸爸抑郁了一年多"。这个热点其实可以带出其他的明星为照顾孩子而出现抑郁的情况，进而引发对"全职奶爸、奶妈"的讨论，以及延展出养育儿女的不易。

通过"叠加法"就可以让一个热点内容更丰富，更有深度，同时也可以匹配热点，在视频中引入育儿产品，比如一些可以减轻父母工作量的纸尿裤、幼儿辅食等。

2.对比法

虽然热点话题的时效性很强，一旦错过，即便内容做得再好可能也无人问津。但如果这些"过时的热点"与当前的热点有一定的联系，则可以将多个热点放在一起作对比，分析它们之间的异同。

这种包装方法同样给了视频制作者直抒己见的空间。如果分析得比较深入，有理有据，往往会起到不错的引流效果。

比如"伊藤美诚说世乒赛要击败很多中国选手"这条热搜，就可以与刚刚结束的奥运会上伊藤美诚对战中国运动员的表现进行对比，作为视频创作的灵感源泉。

3.延展法

任何一个热点背后一定有广阔的思考空间，否则就不会引起广泛的讨论。作为短视频制作者，可以对热点进行深挖。挖掘热点背后的人或事，对热点进行更深层次的思考与讨论。也许就在这个深度思考的过程中，可以发现对热点的另外一种解读方式，或者一个全新的思考角度，与其他视频形成一定的区分度。

以北京新发地聚集性疫情这一热点话题举例。很多人只关注到了与新发地相关人员被确诊，或者政府为这波疫情而下发的各种管控措施。但通过深挖话题就能了解到，新发地作为北京、全国乃至全亚洲最大的农产品批发市场，无论是蔬菜、水果还是肉类均从新发地输送至北京各地。

而当聚集性疫情暴发后，新发地被封，将直接影响蔬菜、水果和肉类的供应。深挖到这些信息的视频制作者就可以前往身边的超市，拍摄一些关于菜价和肉价的视频，进而从另一个角度来利用热点。

其中总获赞数只有1万的抖音账号"兔叨叨"，正是因为看到了热点背后的信息，抢先在超市中拍摄到了为平稳市场国家提供的储备猪肉，如图43所示，而凭借此视频在短时间内获得了17万点赞，成功以无名小号的身份打造出了一个爆款视频。而借着"惠民猪肉"这一热点，也可以顺势植入一些自己认为好吃又便宜的肉类产品，从而创作出高流量带货视频。

△图43

在自己擅长的领域制作视频

在擅长的领域才能持续输出优质内容

把握热点的前提是，自己所擅长的事情正好能与热点话题产生关联。千万不要为了贴合热点，而强行去做自己不擅长的事。

因为即使成功做出了个别爆款视频，但由于不是自己擅长的领域，也无法保证持续输出高质量的内容，导致粉丝积累速度非常缓慢。

而所有抖音上的头部大号，几乎全部术业有专攻，如搞笑类的"papi酱"、换装类的"刀小刀sama"、美食类的"家常美食教程"等。只有做自己擅长的事，才能通过持续输出优质内容而沉淀大量忠实粉丝。

如何找到自己的专长？

"做自己擅长的事"，这个道理很多人都明白。可在长时间机械性的学习和工作中，很多人都不清楚自己真正擅长什么，从而无法确定主攻的垂直领域。

读者不妨尝试问自己3个问题，也许就能够找到自己真正擅长的事。

❶ 你做什么事获得的表扬最多？

❷ 什么事能让你废寝忘食，全身心投入？

❸ 你学会哪种技能的速度最快？

也许你会发现这3个问题的答案不一样。那么笔者的建议是，选择第2个问题的答案作为主攻方向。因为兴趣是最好的老师，只要真心热爱，哪怕学得慢一点，哪怕一开始没有人表扬你，只要凭借这份热爱并坚持下去，总有一天会成为这一领域的大咖。

如果这3个问题的答案是统一的，那么只要坚持做下去，掌握上文中介绍的各种方法，就一定能够做出高引流的短视频。

标题决定视频的浏览量

由于抖音"自动播放"的短视频呈现方式，看似标题不再那么重要了，但其实在抖音推荐算法中，标题对投放人群以及流量配置都会有所影响。而且在类似西瓜视频这种依然需要"点开"视频才能观看的平台上，标题是否吸引人决定了有多少人会点开这条视频，也就决定了浏览量。

在本节中，将通过标题的撰写思路和标题的呈现形式两个方面来讲解如何撰写标题。

5个标题撰写思路

1.突出视频解决的具体问题

前面已经提到，一条视频的内容能否被观众接受，往往在于其是否解决了具体的问题。那么对于一条解决了具体问题的视频，就一定要在标题上表现出这个具体问题是什么。

比如对于科普类的视频，可以直接将问题作为标题"铁轨下面为什么要铺木头呢？""鸭子下水前为什么要先喝口水呢？"等，如图44所示；而对于护肤类产品的带货视频，则可以直接将这个产品的功效写在标题上，同样是以"解决问题"为出发点，如"油皮，敏感肌挚爱！平价洁面中的ACE来喽~"等，如图45所示。

2.标题要留有悬念

如果将这个视频的核心内容都摆在标题上了，那么观众也就没有打开视频的必要了。因此，在起标题时一定要注意留有一定的悬念，从而利用观众的好奇心去打开这条视频。

比如上文介绍的，直接将问题作为标题，其实除了突出视频所解决的问题外，还给观众留下了一定的悬念。也就是说如果观众不知道问题的答案，又对这个问题感兴趣，大概率就会点开视频去观看。这也从侧面说明很多标题都以问句形式去表现的原因所在。

但保持悬念的方法绝不仅仅只能通过问句，比如"用一次就会爱上的冷门好物"，这个标题中就会引起观众的好奇，"这个'冷门好物'到底是什么？"进而点开视频观看，如图46所示。

△ 图44　　　　　　　　△ 图45　　　　　　　　△ 图46

3.标题中最好含有高流量关键词

任何一个垂直领域都会有相对流量较高的关键词。比如一个主攻美食的抖音号，如"家常菜""减肥餐""营养"等，都是流量比较高的词汇，用在标题里会更容易被搜索到，如图47所示。在节日期间，别忘了将节日名称也加到标题中，同样是出于"蹭流量"的目的。

另外，如果不确定哪个关键词的流量更高，不妨在抖音搜索界面中输入几个关键词，然后点击界面中的"视频"选项，数一数哪个关键词下的视频数量更多即可。

4.追热点

"追热点"这一标题撰写思路与"加入高流量关键词"有相似之处，都是为了提高观众看到该条视频的概率。毕竟哪个话题讨论的人越多，其受众基数就会更大一些。

不同之处在于，虽然所有领域都有其高流量关键词，但并不是所有领域都能借用上当前的热点。

比如，运动领域的账号去蹭明星结婚热点就不会有什么效果；而美食领域的账号去借用"国宴菜谱公开"的热点就会具有非常明显的引流效果，如图48所示。

5.利用明星效应

明星本身是自带流量的，通过关注明星的微博或者抖音号、快手号等，发现他们正在使用的物品或者去过的地方。然后在相应的视频中加上"某某明星都在用的……"或者"某某明星常去的……"等内容作为标题，如图49所示，其流量一般都不会太低。但需要注意的是，不要为了流量而假借明星进行宣传。

△ 图 47

△ 图 48

△ 图 49

3个标题呈现形式

1.尽量简短

观众不会将注意力放在标题上很长时间。所以标题要尽量简短，并且要将内容表达清晰，让观众一目了然。

在撰写标题时，切记要将最吸引人的点放在前半句。比如"30秒一个碗，民间纯手工艺品，富平陶艺村欢迎大家"，其重点就是通过"30秒一个碗"来吸引观众的好奇心，看看这碗是怎么30秒就能制作出一个的，所以将其放在前半句会第一时间吸引观众的眼球，如图50所示。

2.摆数字

比如"5秒就能学会""3个小妙招""4000米高空"等，通过摆数字，可以让观众感受到更具体的视频内容，从而在潜意识中认为"这个视频有干货"，如图51所示。

另外，如果要表现出对某个领域的专业性，也可以加入数字，比如"从业11年美容师告诉你，更有效的护肤方法"；带货类视频则可以通过数字表现产品效果的卓越，如"每天使用5分钟，还你一个不一样的自己"等。

3.采用设问句或反问句

采用设问句或反问句既可以营造悬念，又可以表明视频的核心内容，可以说是最常用的一种标题格式。观众往往会受好奇心的驱动，进而点开视频观看。

需要注意的是，设问句或者反问句格式的标题并不是仅限于科普类或教育类账号使用。比如宠物类头部抖音号"会说话的刘二豆"，其中一期视频标题为"喵生路那么长，为什么偏要走捷径呢？"，同样勾起了观众的好奇心，如图52所示。

事实上，几乎任何一个视频都可以用设问句或者反问句作为标题，但如果发布的所有视频的标题都是一种格式，也会让观众觉得单调、重复。

▲ 图 50

▲ 图 51

▲ 图 52

根据自身情况确定带货视频类型

带货视频主要有三大类型，分别为剧情类、口播种草类和才艺展示类。深挖某一类型带货视频，才能让自己的特点更突出，也更有利于抖音将其准确地推送给目标人群。在确定创作哪类视频内容时，务必要充分考虑自身情况。

有团队适合剧情类内容创作

剧情类内容创作是一种门槛较高的创作类型，所以此类内容创作者少，竞争压力与另外两种类型视频相比要小一些。

而导致其门槛较高的主要原因之一，则是需要多人协力才能完成剧情类内容的创作。其中演员最少有两人，还需要一人进行录制，所以至少需要3人团队。解决了"人手"的问题后，剧本和视频录制、剪辑都比较容易解决。剧本可以在网上进行搜索，有很多相关的优质资源和平台，比如"抖几句"就是不错的剧本

▲ 图 53

交易平台，如图53所示。而录制与剪辑，只要通过简单的学习就可以达到抖音短视频的平均水平。

当然，条件满足要求之后，还要看自己是否对创作短剧感兴趣。如果没有兴趣，则不要勉强，否则很难保证内容的持续输出。

KOC适合口播种草类内容创作

KOC的英文全称为Key Opinion Consumer，中文解释为"关键意见消费者"。这类人群往往在某一领域的消费比较频繁，并且对该领域的产品有较全面的体验，所以更了解产品之间的差异与适用人群。如果你是一名KOC，因为有很多真实体验的内容可以在视频中表达，并以此博得观众的信任，进而实现高效转化，所以非常适合创作口播种草类内容。像号称有一仓库化妆品的"深夜徐老师""广式老吴"等抖音号，都是成功的口播种草类带货视频创作者，如图54所示。

△ 图 54

当然，像探店类短视频其实也属于口播种草类，只不过他们的消费领域是线下的各种门店罢了。

有特长适合才艺展示类内容创作

"才艺展示类"内容绝不仅仅局限于唱歌、跳舞、绘画等"常规才艺"，如健身达人、美食达人、美妆达人等，都可以算作"才艺展示类"，因为他们都在某方面具有"特长"，并且可以向观众进行展示。

需要注意的是，在才艺展示类内容创作中，绝对不是越专业、技术越高超，流量就越高。视频内容的呈现方式是否适合大多数普通观众进行学习，能否展现内容价值，要比专业性和技术性重要得多。事实上，越专业的内容，受众就会越少，流量上限就会越低，反而不利于爆款的出现。

所以从另一个方面考虑，不要因为自己在专业性上没有做到顶尖就认为不能在抖音平台获得成功。事实上，只要自己比绝大多数业余人员更专业，就不存在技术上的门槛。主要精力应该放在制作符合观众需求的内容上。像很多美食教学类视频内容的优质创作者，他们绝大多数都只是普通的厨师，由于菜品适合普通观众去尝试制作，因此能够获得很高的流量，如图55所示。

△ 图 55

剧情类带货视频的创作思路

剧情类视频的创作重点在于剧本的撰写。而因为需要"带货"，所以要在剧情中巧妙地植入产品，尽量不让观众产生反感，进而获得广泛的传播。

寻找目标群体常见的"话题"

在进行内容创作之前，首先要确定"话题"，也就是写一个什么样的故事。而这个话题，必须是产品目标群体间经常会讨论的，有很高热度的。比如所带商品为一款年轻人使用的护肤品，那么话题就可以从"闺蜜""劈腿""渣男""绿茶"等内容中进行选择。因为此类话题在年轻人中很容易引起关注和讨论，这对于短视频的快速大范围传播非常有好处。

比如"魔女月野"抖音号在对"控油去屑洗发水"进行带货时，就选择了"男女朋友间吵架"这一几乎每个年轻情侣都发生过的情况作为话题，大大增加了内容的受众范围，如图56所示。

▲ 图 56

在故事中加入反转

可以说，几乎所有的爆款剧情类短视频中都存在"反转"。因为只有让观众意想不到，打破他们的固有认知，才会让其在短短的几十秒内，对视频产生强烈的认可，进而点赞、转发或者评论。

反转要符合逻辑

不能为了让观众意想不到而强行在剧情中加入反转，而应该让反转的出现符合正常的思维逻辑。通常营造反转的方式是，不具体描述本身就具有不确定性的事件的真正结果，而是通过一些描述，让观众的认知与真实情况产生偏差，最后再通过一些或隐喻或直接的方式，表达出真实的结果。

比如在抖音平台的剧情类头部账号"城七日记"中就曾发布过这样一个视频。视频前半段一直通过语言及人物表情引导观众认为二人是已经分手很久的情侣。但在视频最后，才表现出真相，他们只是喜欢表演，其实早已结为夫妻，如图57所示。

▲ 图 57

这个反转虽然不是特别精妙，但却基本符合逻辑。因为这二人本身就已经录了一系列短视频，自然有一定的表演功力。另外，前半段的对话要是仔细分析，对于已经结婚的二位而言也没有逻辑错误，所以最后的反转是可以被观众接受的。

反转的出现要突然

如果观众已经看出来剧情要在某个环节出现反转了，那么自然不会感到意外。所以，反转的加入一定要隐蔽，只有在意想不到的情况下出现才会让观众足够吃惊。

那么如何才能让观众察觉不到即将出现反转呢？主要可以通过以下两点做到。

第一点，最好通过一些很平常的举动、随意的语言或者不经意间的小动作表明反转。比如在一段视频中，自家的猫和夫人已经互换了身体，但这时观众并不知情，需要通过一个情节，让观众知道原来猫是夫人，夫人是猫。这个情节就可以是，男主人公像平常一样坐在电视机前看电视，然后很自然地让爱人为自己递过来遥控器。这时，猫跳上桌子，把遥控器扒拉到了男主人公面前。

第二点，不断暗示观众认为的事实是正确的。在撰写剧情时，不要按"正常—反转—正常—反转"这样的规律来写。而是可以多次让观众确认自己的判断是正确，然后再呈现出反转。比如在剧情中，男主角要确认自己的爱人是不是克隆人，那么可以设置多种测试方法。然后在多种测试过程中，出现可能要反转的端倪，但却都证明其爱人不是克隆人。最后，在观众已经十分确定自己的判断后，再将反转呈现出来。

注重情绪的渲染

对于短视频而言，情绪的完整性比故事的完整性更为重要。如果一个短视频的故事能够让观众产生想哭、想笑或者感到爽快这3种情绪的任意一种，就是成功的；如果有其中两种，必然是爆款；如果有3种，那么就可以一夜爆红。

如何写出让观众想哭的故事

由于短视频的时长较短，缺乏铺垫，所以让观众"想哭"并不容易。但如果选择一些容易产生共鸣的悲伤情感，如冷战、欺骗、七年之痒等，就可以让观众迅速进入到已有的"预设"中，从而可能在较短的时间内激发观众内心的情绪，并得以释放。

如何写出让观众想笑的故事

由于"笑"这种情感不需要铺垫，只要设置的"笑点"击中了观众，瞬间就能让其感觉到开心。但在选择笑点时，切记不要从奇怪的角度出发，而应该尽量贴合大众，越"俗"的笑点，越可以让大多数人感觉到开心，就有越多的人愿意观看这个视频。

在笑点的设置上，建议"五秒一小梗，十秒一大梗"，从而持续引导观众看下去。搞笑类的视频，其实观众往往在看到一半时就知道故事的大概，但依然会坚持看到最后，就是为了将整个情绪完整地爆发出来，所以此时故事的完整性还是比较重要的。

如何写出让观众感觉爽快的故事

与"哭"和"笑"相比，让观众感觉到爽快的故事其实最好写。只要是惩奸除恶、打抱不平，充满正能量，符合社会主义核心价值观的事都可以写，而且要写得夸张一些。因为越夸张，观众就会看得越"爽"，越觉得"大快人心"。这一点同看电影时，在正派人物狠狠教训反派人物时，教训得越狠，越觉得痛快是一个道理。

比如抖音头部账号"七舅脑爷"的一个视频中，其主旨就是要让"绿茶婊"难堪，从而让观众感觉大快人心。因此，虽然在视频逻辑上有很多地方都不太合理，但其实观众并不在意这些，他们只注重如何让这种自己在现实中不喜欢的人能够在视频中碰一次壁。

所以，当男主角给这位"绿茶婊"买了一张别的影厅的票，而和女朋友一起看电影时，观众并不会去思考在现实中会不会有这么不给人面子，这么与同事相处的男人，而只会觉得心情舒畅，并且由衷地喜欢男主角这种直爽的性格，如图58所示。

▲ 图 58

让商品自然地出现在剧情中

在进行剧情创作时，务必要为产品的出场做好铺垫，使其在剧情中出现得理所应当。虽然观众依旧一眼就知道这是在植入广告，但因为合情合理，并且不是很突兀，所以并不会太过反感。只要剧情出色，依然愿意去点赞、分享或者评论这条带货视频。

比如在抖音号"城七日记"为一款面膜做广告的视频中，商品就是在男主抱怨自从跟小七谈恋爱，妈妈什么好事都想着小七，"饭也是自己做，碗也是自己洗，购物也要自己在后面拎包，连面膜也是妈妈给小七买的"时出现的，如图59所示。这种将商品融入剧情的方法，被很多剧情类短视频所采用。

▲ 图 59

让商品对剧情起到推动作用

如果希望让商品与剧情更好地融合在一起，需要让其成为推动剧情发展的关键。这对于剧情设计提出了更高的要求，但如果能够实现，则不但可以让产品多次出现在剧情中，减少观众的反感，甚至可以让观众对产品产生浓厚的兴趣与好感。这里同样以"魔女月野"的一条带货去屑控油洗发水的视频为例。在该视频中，因为女主经常熬夜，所以头皮屑较多，男友送了一瓶洗发水给她，解决了这个问题。

到这里，很多观众肯定认为故事已经讲完了，但之后，这对恋人吵架后，因为心里彼此依然惦记着对方，所以女主发了个朋友圈，说洗发水用完了，这时男友赶紧又为其买了几瓶，并回到了吵架前的状态。

在这个短视频中，商品贯穿剧情始终，并作为解决问题、推动二人感情复原的关键因素，使其得到了非常好的宣传效果。

通过剧情为商品赋能

所谓"为商品赋能"，其实就是让商品解决问题，并在解决问题后，对人生产生积极的影响。虽然"为商品赋能"往往会让观众感觉多少有一些夸大的成分，但对于品牌而言，却可以在人们心中树立一种"正面印象"。这种留存于观众心中的正面印象，可以让一些当时没有下单购买的观众，在今后的生活中产生选择该品牌商品的念头。

比如在抖音号"魔女月野"为眼霜做广告的视频中，视频在结尾为其赋予了可以保卫你的眼睛，从而更出色地完成工作的"社会意义"。虽然看上去有些夸大产品的作用，但却多少让该产品在观众心中留下了"职场必备"的印象，如图60所示。

△ 图 60

口播种草类带货视频的创作思路

口播种草类带货视频的创作主要在于产品介绍文案的撰写。既不能让产品介绍太过生硬，又要通过简洁、诙谐的语言将产品的特点充分表达出来，并在短短一两分钟的时间内，让观众对产品效果产生认同。

以观众痛点作为视频开场

因为口播种草类内容的表现形式比较单一——就是一个人在镜头前说话。所以为了能够让观众在看到第一眼时就被吸引住，往往需要直接击中观众的痛点。而该痛点就是接下来所介绍的产品能够解决的。

比如抖音号"爱新觉罗男孩"在带货一款"鼻贴"的视频中，上来第一句话就是"但凡你鼻子干净一点"，快速吸引被"黑头"困扰的观众，进而继续将视频看下去，如图61所示。

随着短视频质量越来越高，从一开始的5秒到后来的3秒，再到如今必须在2秒内吸引观众，所以口播种草类视频的第一句话能否击中观众痛点就显得越来越重要。

△ 图 61

句句干货突出重点

有以下两个原因要求口播种草类带货视频的文案务必句句都是干货。

第一个原因，一旦观众听到没有内容的语言，就很可能立刻观看其他视频。任何一个优质短视频，在短时间内的信息量都一定要大。也就是在观众还在消化上一句的内容时，就应该有新的干货内容进行输出。这样才能"拽着"观众一直将整个视频看完，并且可能还会观看第二遍、第三遍。而当一些不痛不痒、可有可无的话出现时，观众的思维就会停滞，一种"浪费时间""无聊"的念头就会导致其看下一个视频。

第二个原因，尽量缩短视频时长。为了让观众认可产品，在口播过程中，往往需要较全面地介绍其功效，以及与同类产品相比的优势。所以一旦有"废话"出现，就会导致视频过于冗长，不利于提高完播率。而且，即便内容创作者再有个人魅力，连着听几分钟也多少会让观众感到厌倦。为了压缩时间，大部分优质种草带货创作者都会精简文案，只说最重要的话，从而将时长控制在2分钟以内。

利用表情、语速、语调等确立个人风格

为了将口播种草类视频做出差异化，做出特点，建议内容创作者根据自身性格，适当地将自己的表情、语速或者语调进行夸张。这样可以让观众一眼就记住你，并且一旦观众喜欢这种风格，就会很容易成为铁粉。因为每个人都有自己独特的人格魅力，再加上进行了适当的夸张表现，所以给观众的感觉也会与众不同，观众几乎不可能在其他创作者的视频中找到同样的感觉。

比如"广式老吴"就是将个人风格演绎到极致的口播种草类抖音账号。由于其性格本来就直爽，有话敢说，所以她通过自己较为夸张的表情，和粤语、普通话交替出现的方式，突出了这一特点，如图62所示。

▲ 图62

商品介绍逻辑要清晰

在上文已经提到，由于口播种草类视频要在较短的时间内输出大量与产品相关的信息，那么自然语速要比较快。在语速较快，句句又是干货的情况下，一旦逻辑出现问题，观众的思绪很容易出现混乱，进而影响视频效果。因此，在录制前务必逐句确定文案前后的关联是否妥当，将清每句话之间的关联，保证商品介绍的逻辑是连贯、清晰的。

值得一提的是，如果总是写不好视频文案，可以多观看垂直分类下的头部账号，比如图63所示的抖音号"大花总爱买"，并记录他们的文案，学习介绍商品的结果、逻辑、语言，然后将其套用在自己的视频中，同样可以起到不错的效果。文案不需要手写记录，将视频下载下来，导入剪映中，然后识别字幕即可。

▲ 图63

加入真实使用经验提高认同感

口播种草类视频的最终目的是让观众相信这个产品真的很好用。而要达成这一目的，在其中加入自己使用后的体会和经验，尤为重要。因为这会让观众认为你是在"推荐"而不是"卖货"。

但正所谓"口说无凭"，观众不会仅凭一句"我在使用后把这个商品推荐给各位"就相信你真的认为它很好用。而是需要内容创作者在介绍该产品的同时进行使用，并实际展示出其效果确实不错，如图64所示。为了在展示过程中突出你对这款商品的了解与喜爱，还可穿插一些个人的使用经验和技巧，这会让观众认为你不仅使用过这个产品，而且还使用了很长时间，否则不会对该产品如此了解。

▲ 图64

才艺展示类带货视频创作思路

此处适当放宽"才艺展示类"视频的涵盖范围，将一切在某一方面有所专长，并且在视频中或展示专业性或进行教学的视频均归为此类。比如运动健身类、美食制作类、摄影类、后期剪辑类等，都统一看作"才艺展示类"。这类视频进行带货的优势在于，产品可以被很容易自然地、隐性地植入视频中，保证观众良好的观看体验。

完整展示商品使用过程

由于"才艺展示类"视频所带货品通常是在才艺展示过程中会使用的，而且最终的"成品"也往往是使用带货商品制作的。所以该类视频与剧情类和口播种草类相比，其显著优势之一就是有充足的时间去展示商品的使用过程。

▲ 图65

比如右图所示即为抖音号"懒饭"在介绍如何制作"拿铁蛋糕"时，通过使用带货商品进行烘焙，从而可以自然、从容地展示产品，包括详细的产品设置等方面，如图65和图66所示。而且，由于制作该蛋糕需要两次用到烤箱，所以该商品在时长仅68秒的视频中得到了两次曝光。同时，由于使用烤箱是制作蛋糕必备的一个流程，而且其参数设置也影响着蛋糕最终的制作效果，因此观众在看到有关烤箱的操作时，也不会感觉有何突兀。

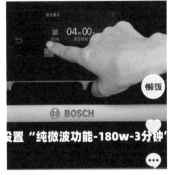
▲ 图66

有意识地延长商品出镜时间

对于任何形式的带货视频而言，都必须在最短的时间内完成内容的输出。因为一旦其中有任何拖沓，观众就可能去观看其他视频。

△图67

但如果按照短视频应有的节奏进行剪辑，那么商品可能在视频中就是一闪而过，效果不好。所以要在使用产品时，有意识地延长其在视频中出现的时间。这样不但可以通过时长增加观众对商品的注意力，还可以通过节奏的变化（因为商品出现时节奏突然变慢了）让观众意识到内容创作者在推广这个产品。

比如抖音号"铭哥说美食"在介绍一道"虾仁蒸日本豆腐"的视频中，植入了一个"番茄料汁"的广告。该番茄料汁其实只是这道菜的调味品之一。按照视频的节奏，调味品都是很快带过。但在番茄料汁这里，不但在字幕和口播中强调"重点是这个番茄汁"，还连续用了两个镜头来表现倒入番茄料汁的画面，如图67和图68所示，成功吸引了观众的注意力，给人一种"只要有了这款番茄料汁，我也能做出这道菜"的感觉。

△图68

通过不经意间的语言点出商品优势

很多带货视频在介绍商品时都会有一种"背书"的感觉，就是直接说多么好用，多么有效果。这种方式当然可以既全面又明显地让观众知道商品的优势，但缺点在于太过生硬。而一些"不经意间"的语言，虽然可能会让部分观众忽略，但对于那些注意到"这句话"的观众，则会产生很好的宣传效果。

比如在抖音号"伯爵私厨"介绍"球状芒果冰饮"的制作方法时，植入了"小熊榨汁机"的商品广告。虽然"将芒果榨成汁"只是半成品，如图69所示，但此时内容创作者说了一句"懒的话，这样就能直接喝了"。

这句话其实在不经意间透露出了这款榨汁机"即榨即喝"，榨汁机本身又是一个水杯的特点。凡是"想偷懒"的观众，一旦注意到这句话，就会对该商品产生一定的兴趣。

△图69

为观众留下评论空间

一个优质的带货视频往往可以引发观众在评论区中进行讨论。而有些时候，评论区中的内容可能会起到比视频本身更好的带货效果。为了让观众产生对产品进行评论的欲望，往往需要在视频中留下"槽点"，或者说是"评论空间"。营造"评论空间"的方式有很多种，比如加入一些会有不同观点的话题，像摄影类展示就可以引入"照片该不该后期"这一话题。

右图所示即为抖音号"钟小棵摄影"在展示"如何拍头发油油的女孩儿"时，先介绍了一种方法，紧接着植入洗发水的广告，并在视频最后，当自己的假发不小心掉落时，结束整个视频，如图70所示。

▲ 图 70

这就为视频留下了一个"槽点"——没头发的人卖洗发水。对于这个槽点，势必会有人讨论这样做合不合适，如图71所示。但其实无论合适还是不合适，只要观众讨论了，其宣传的目的也就达到了。

4类违规内容"不要碰"

搬运内容不合规

很多人认为做内容搬运是平台"小号"快速成长的一条"捷径"，但事实上这是一条"死路"。无论在抖音还是快手平台，内容搬运都是被明令禁止的，且会触及版权保护等法律问题。

▲ 图 71

什么是内容搬运？

下面以抖音平台的规则为例，介绍什么是内容搬运。如果一条视频属于以下5种情况的任意一种，则将被视为内容搬运。

❶ 未经他人允许将他人作品保存下来并发布至自己的账号上。

❷ 无版权/无授权转载平台内或平台外的内容。

❸ 录屏电视/电影正在播放的内容，未经任何加工上传至自己的账号上。

❹ 搬运影视、综艺、体育赛事、外网视频片段，并且只进行简单的二次创作的内容。

❺ 出现抖音平台之外的水印/特效等元素。

❻ 冒充公众人物，假扮账号是公众人物本人、公众人物工作室工作人员、经纪人等。

平台如何判定视频是否为搬运？

判定视频是否为搬运的模糊地带主要在于如何判定二次创作的工作量。对于一些二次创作很少的视频，比如只是在原视频的基础上增加了一些文字、贴纸、背景等，同样会被判定为搬运，如图72所示。

但如果在二次创作中包含了对多个原视频片段的重新剪辑、混剪，并加入了自己的解说、背景音乐等，则不会被判定为搬运。

⌃ 图 72 只进行"装饰性"的后期依然会被判定为搬运（图片来源：抖音官方案例演示）

视频中禁止出现广告营销内容

提到禁止出现广告营销内容，很多人会感到疑问，抖音和快手平台上那么多带货短视频，哪个不是广告营销？这就需要了解平台对"广告营销"的定义及判断方法。

什么是广告营销？

下面依旧以抖音平台为例，向各位介绍其对"广告营销"的定义条款。

❶ 非企业认证号在视频中展示商家地址、商家联系方式或二维码等信息。

❷ 视频中植入硬性广告元素，如商品打折信息、价格等。

❸ 视频内容为好物安利，并通过非官方的渠道进行引导购买。

平台如何判定视频是否为"广告营销"？

平台判定视频是否为广告营销主要从是否包含以下信息进行判断。

❶ 表现自己是卖东西的商家的词汇，如发货、走单、上新、抽奖等。

❷ 描述商品优惠信息的词语，如大减价、打折、买一赠一等，如图73所示。

❸ 表现商业活动、时间、地点等的词汇。

❹ 表现平台、店铺名或者店铺链接、网址、详细地址、联系电话、微信等文字或者语音。

❺ 在店铺背景下展示商品也会被判定为广告营销。比如在服装店背景下展示不同的服装，或者在鞋店、鞋厂背景下展示不同的鞋。

⌃ 图 73 上图视频出现商业活动的地址及优惠文字，所以会被判定为广告营销（图片来源：抖音官方案例演示）

不要发布这5类高危广告

虽然抖音和快手平台不允许发布营销广告，但如果是企业号，相关规定会有所放松，对于一些有宣传作用的广告依然可以正常发布。比如企业号可以发送带有商家联系地址、联系方式的视频。即便如此，以下5类高危广告也是绝对禁止的，一经发现，最低也会被处以一定时间内禁止发视频的处罚。

假冒伪劣产品

如果视频或标题涉及原单货、特卖原单、A货、高仿等假冒伪劣话术，或者对大牌商品价格描述过低时，则将被判定为高危广告。

贵价物品

在账号没有相关售卖资质的情况下，对犀牛角、象牙、钻石、黄金、玉石、水景、古董、蜜蜡、贵重木材等贵价物品进行售卖，则会被判定为高危广告。所以，如果要在抖音或者快手平台正常售卖以上物品，务必获得国家承认的相关资质或相关品牌的企业认证号。

⚠ 图 74 上面视频介绍整形类相关信息，所以会被判定为医疗高危广告（图片来源：抖音官方案例演示）

医疗高危广告

医疗高危广告主要分为医美减肥类和医疗药品类。

❶ 医美减肥类高危广告主要是指宣传通过药物、手术、医疗器械或创伤性方法改变外貌特征的医疗方式。比如整形广告、医美项目广告和减肥瘦身广告等，如图74所示。

❷ 医疗药品广告主要包括两性相关广告、孕产相关广告、药品相关广告、增高广告、医疗器械广告等其他与医疗相关、具有一定危险性的治疗方法的广告。

金融类高危广告

金融类高危广告主要包含以下6类。

❶ 支付类广告。比如讲解套现手法、逃避信用卡征信惩罚、POS机赠送、售卖、招代理、刷脸支付招商等。

❷ 筹款募捐类广告。比如留下联系方式，引导转账等广告。

❸ 冒充金融机构、金融软件官方的视频广告。

❹ 讲解股票、基金、期货、外汇时，内容涉及大盘走势、预测业绩、承诺收益等。

❺ 讲解保险类相关内容时，涉及销售、加盟、招代理、赠送现金、返还购物券等。

❻ 讲解创业类内容时，宣扬低成本高回报，有诱导创业话术或者联系方式；视频或标题涉及创业兼职等内容。

作弊类高危广告

作弊类高危广告的判定主要以内容和制作方式为判定依据。

首先，作弊类高危广告的内容是以盈利为目的的；其次，作弊类高危广告的制作方式属于批量生产，并且利用相关软件，在短时间内即可在平台大量发布。因为这些视频会影响其他用户的观看体验，所以发布这些视频的用户会被认定为作弊用户，而其视频也会被认定为作弊类高危广告。

没有认证请不要做科普类视频

在抖音和快手平台，对科普类账号有着较为严格的审核机制。一旦发现有非认证账号发布相关科普知识，就会被认定违规。以下3种科普类内容，不能在没有认证的情况下发布。

❶ 医疗相关知识，比如两性健康知识、孕产育儿、养生中医、推拿按摩等。

❷ 法律相关知识，如离婚财产纠纷、遗产分配、合同法等。

❸ 金融相关知识，如炒房、投资、理财等，如图75所示。

⚠ 图75 在没有认证的情况下，科普股市知识属于违规行为（图片来源：抖音官方案例演示）

第 5 章

通过运营让内容体现价值

用这4个方法提升短视频完播率

认识短视频完播率

一个账号如果想要获得更多的流量，视频的完播率是一个非常重要的、必须关注的数据指标。那么，什么是完播率呢？

当一个视频发布出去后，平台会随机地将这个视频发布给感兴趣的500个用户，如果在这500个用户中有100个用户完整地观看了这个视频，那么这个视频的完播率就是100÷500=20%。同样道理，如果在这500个用户中有400个用户完整地观看了这个视频，那么这个视频的完播率就是400÷500=80%。

一个视频的完播率越高，代表这个视频的质量越高，那么平台就会认为这是一个值得推荐给更多用户的视频，因此完播率是每一个视频账号运营人员必须关注的核心数据指标之一。

提高完播率最根本的方法就是投其所好，简单来说就是创作出粉丝喜欢看的视频。然而，实际上很少有账号能够持续地产出质量非常优质的视频，所以在提高完播率的方面就不得不使用一些其他的技巧。

下面介绍4种提高视频完播率的方法。

方法一：尽量缩短视频

可以想象一下，一个10分钟的视频和一个10秒钟的视频相比，哪一个视频的完播率更高呢？很显然是10秒钟的视频。

对于平台而言，时间的长短并不是一个视频是否优质的判断指标，长视频也可能是"注了水"的，而短视频也可能是满满的"干货"，所以长短对于平台来说没有任何意义，完播率对平台来说才是比较重要的判断依据。

在创作视频时，10秒钟能够讲清楚的事情，能够表现清楚的情节，绝对不要拖成12秒，哪怕多一秒钟，完播率数据也可能会下降一个百分点。

抖音刚刚上线时，视频最长只有15秒，但即使是15秒的时间，也成就了许多视频大号，因此15秒其实就是许多类视频的最长时长，甚至很多爆款视频的时长只有7～8秒。

如图1所示，这是一个通过吸引观众玩游戏来获得收益的视频，其时长只有8秒，力求通过最短的时间展现游戏的趣味。

▲图1

当然对于很多类型的视频而言，如教程类或知识分享类，可能在一分钟之内无法完成整个教学，那么提升完播率对于这类视频来说，可能会相对困难一些。

但是也并非完全没有方法，比如很多视频会采取这样的方法，即在视频的最开始采用口头表达的方法告诉观看的粉丝，在视频的中间及最后会有一些福利赠送给大家，这些福利基本上都是一些可以在网上搜索到的资料，也就是说零成本，用这个方法吸引粉丝看到最后，如图2所示。

也可以将长视频分割成2～3段，在剪映中通过"分割"工具即可实现，如图3所示。当然，每一段都要增加前情回顾或未完待续。

另一个方法就是在开头时要告诉大家，一共要讲几个点，如果的确是干货，大家就会等着把你的内容全部看完，如图4所示。

同时在画面中也可以有数据体现，比如一共要分享6个点，就在屏幕上面分成6行，然后数字从1写到6。每讲一个点，就把内容填充到对应的数字后面。

▲ 图 2

▲ 图 3

▲ 图 4

方法二：因果倒置

所谓因果倒置，其实就是倒叙，这种表述方法无论是在短视频创作还是大电影的创作过程中都十分常见。

例如，在很多电影中经常看到，刚开始就是一个非常紧张的情节，比如某个人被袭击，然后采取字幕的方式将时间向回调几年或某一段时间，再从头开始讲述这件事情的来龙去脉。

在创作短视频时，其实也是同样的道理。短视频刚开始时首先抛出结果，比如图5所示的"一条视频卖出快200万的货，抖音电商太强大了"。把这个结果（或效果）表述清楚以后，充分调动粉丝的好奇心，然后再开始从头讲述。

▲ 图 5

因此，在创作视频时，有一句话是"生死4秒钟"，也就是说在4秒钟之内，如果你没有抓住这个粉丝的关注力，没有吸引到他的注意力，那么这个粉丝就会向上或者向下滑屏，跳转到另外一个视频。

所以在4秒钟之内一定要把结果抛出来，或者提出一个问题，比如说，大家在炒鸡蛋时，鸡蛋总是有股腥味儿，怎样才能用最简单的方法去除这股腥味儿？这就是一个悬疑式的问题，如果观众对这个话题比较感兴趣，就一定会往下继续观看。

方法三：尽量将标题写满

很多粉丝在观看视频时，并不会只关注画面，也会阅读这个视频的标题，从而了解这个视频究竟讲了哪些内容。

标题越短，粉丝阅读标题时所花费的时间就越少，反之标题如果被写满了所有的字数，那么就能够拖延粉丝，此时如果所制作的视频本身就不长，只有几秒钟时间，那么当粉丝阅读完标题时，可能这个视频就已经播完了，采用这种方法也能够大幅度提高完播率，如图6所示。

方法四：表现新颖

无论是现在正在听的故事还是看的电影，里面发生的事情在其他的故事和电影中都已经发生过了。

那么为什么人们还会去听这些新的故事，看这些新的电影呢？就是因为他们的画面表现风格是新颖的。

所以在创作一个短视频时，一定要想一想是否能够运用更新鲜的表现手法或者画面创意来提高视频完播率。

比如图7所示即为通过一种新奇的方式来自拍，自然会吸引观众进行观看。

当然，也不要将注意力完全聚焦在画面的表现形式上，有时用一个当前火爆的背景音乐也能提高视频的完播率。

在这方面电影行业已经有非常典型的案例，就是"满城尽带黄金甲"，这个电影的片尾曲用的是周杰伦演唱的《菊花台》，以往当电影结束时，只要字幕开始上升，大部分观众基本上就会离开观众席。

但是这部电影当片尾曲响起来时，绝大部分观众还安静地坐在观众席上，直到整个电影播放完这首歌曲才离开。

在这里需要特别强调一下，许多运营人员不止一个抖音账号，当在大号上发布一个视频以后，许多运营人员的固定动作

▲ 图6

▲ 图7

是发布过一段时间后，用自己的小号去查看一下整个视频的展现效果。

用小号观看自己的视频时，注意一定要看完这个视频，尤其是用自己的两个，甚至是3个小号去观看这个视频时，一定要看完这个视频，而且进行点赞、转发和评论，因为当一个视频刚刚发布出来时，每一个用户的操作对于这个视频是否能够进入到下一季流量池，实际上都是有比较大的影响的。

用这3个方法提升短视频互动率

认识短视频互动率

视频的互动率就是指当视频发布以后，有多少粉丝愿意在评论区进行评论交流。

很显然，一个好的视频往往能够引起观众或者粉丝的共鸣，因此一个视频的互动率越高，也从一个层面上表示这个视频的质量比较高。从平台这个层面来看，互动率越高的视频对于粉丝的黏性也越高，因此这样的视频就会被平台推荐给更多的粉丝。

那么如何去提高视频的互动率呢？下面分享3种方法。

方法一：用观点引发讨论

这种方法是指在视频中提出观点，引导粉丝进行评论。比如可以在视频中这样说，"关于某某某问题，我的看法是这样子的，不知道大家有没有什么别的看法，欢迎在评论区与我进行互动交流。"

在这里要衡量自己带出的观点或者自己准备的那些评论是否能够引起讨论。例如在摄影行业里，大家经常会争论摄影前期和后期哪个更重要，那么以此为主题做一期视频，必定会有很多观众进行评论，如图8所示。

又比如，佳能相机是否就比尼康好，索尼的摄影视频拍摄功能是否就比佳能强大？去亲戚家拜访能否空着手？女方是否应该收彩礼钱？结婚是不是一定要先有房子？中美基础教育谁更强？这些问题首先是关注度很高，其次本身也没有什么特别标准的答案，因此能够引起大家的广泛讨论。

▲ 图8

方法二：利用神评论引发讨论

首先自己准备几条神评论，当视频发布一段时间之后，利用自己的小号发布这些神评论，引导其他粉丝在这些评论下进行跟帖交流。这个动作就好像是观看一些现场的综艺节目时，观众在什么时候应该鼓掌，实际上都是有一些工作人员进行指导的，所以只要所准备的评论足够有料，其他愿意分享和交流的粉丝就会在评论底下进行回复或者跟帖。实际上，大家也能够从很多视频的评论区中看到，有的视频评论区甚至比视频还精彩，如图9所示。而有关神评论的素材，则可以在抖音中进行搜索，如图10和图11所示。

△ 图9

△ 图10

△ 图11

方法三：卖个破绽诱发讨论

另外，也可以在视频中故意留下一些破绽，比如说故意拿错什么，故意说错什么，或者故意做错什么，从而留下一些能够吐槽的点。

因为绝大部分粉丝都以能够为视频纠错而感到自豪，这是证明他们能力的一个好机会，因此绝不会错过在评论区留下一些评论。当然，这些破绽不能影响视频主体的质量，包括IP人设，必须是一些无伤大雅的小破绽。

比如图12所示即为教大家画立体五角星的视频。由于其中的透视有些问题，导致线条连不起来，引起了很多观众的讨论。这些讨论对于该视频能够成为爆款起到了至关重要的作用。

△ 图12

用这3个方法提高短视频点赞量

认识短视频点赞量

在抖音中所有被点赞的视频，都可以通过点击右下角的"我"，然后点击"喜欢"重新找到它并再次观看，也就是起到了一个收藏的作用，如图13和图14所示。

所以对于平台而言，点赞量越高的视频代表这个视频的价值越大，值得向更多的人推荐。

要提高视频的点赞量，需要从用户的角度去分析点赞行为的背后原因，并由此出发调整视频创作方向、细节及运营方案。

从大的层面去分析点赞量，其背后基本有三大方法，下面一一进行分析。

⚋ 图 13　　⚋ 图 14

方法一：让观众有"反复观看"的需求

正如刚才所说的，点赞这种行为有可能是为了方便自己再次去观看这个视频，此时，点赞起到了收藏的作用。

那么什么样的视频才值得被收藏呢？一定是对自己有用的。

这类视频往往是干货类，能够告诉大家一个道理，或者说是一个技术、一种诀窍、一个知识，能够解决大家已经碰到的问题或者可能会碰到的问题。比如说笔者专注的领域是自媒体运营、视频拍摄、摄影及后期制作，因此在这些领域收集了很多小的诀窍，如图15所示即为一个视频后期技巧。

所以要想提高视频的点赞率，所拍摄的视频必须要解决问题，而且要解决的是大家可能都会碰到的共性问题。

比如，北方人都非常喜欢吃面食，在很多美食大号里，制作香辣可口的重庆小面的视频点赞率都非常高，就是因为这类视频解决了北方人的一个问题。

所以在创作视频之初，一定要将每一个视频的核心点提炼出来，写到纸上并围绕着这个点来拍视频。

也就是说在拍视频之前，一定要问自己一个问题，这个视频解决了哪些人的什么问题。

⚋ 图 15

方法二：认可与鼓励

点赞这种行为，除了为自己收藏那些自己现在或者以后可能会用到的知识、素材外，也是观众对于视频内容的认可与鼓励。

这种视频往往是弘扬正能量的一种视频，比如在2020年的疫情期间，全国各地都涌现出了一批可歌可泣、感人至深的英雄事迹。

以钟南山院士为例，只要短视频中涉及了钟南山院士，点赞量都非常高，所以这其实是一种态度，一种认可。

这就提示读者在创作这类短视频时，一定要问自己一个问题，就是这个视频弘扬的是什么样的正能量。

方法三：情感认同

最后一种点赞的原因是情感认同，无论这个视频表现出来的情绪是慷慨激昂、热血沸腾，还是低沉忧郁、孤独寂寞，只要观看这个视频的粉丝的心情恰好与你的视频基本相同，那么这个粉丝自然会去点赞。

所以，应该在每一个节日、每一个重大事件出现时，发布那些与节日气氛情绪相契合的视频。

例如，在春节要发布喜庆的，在清明节要发布缠绵的、阴郁的，在情人节要发布甜蜜的，而在儿童节要发布活泼欢快的。

最后，每一个视频的最后一句话都应该提醒粉丝，要关注、留言、转发、点赞，实践证明，有这句话比没有这句话的点赞和关注率会提高很多，如图16所示。

▲ 图 16

5个指数了解账号权重

高权重账号的优势

任何平台都会特别青睐那些能够为他们创造更多价值的内容创作者账号，这些账号通常也是各个平台的高权重账号。同样的视频，在高权重账号发出来所获得的推广流量，要大于在低权重账号发出来的。

而一旦各个平台有了活动及内测的功能，也往往会优先考虑这些高权重账号。因此一旦一个账号成为高权重账号，往往会呈现出一种马太效应，也就是强者愈强，只要内容创作不掉链子，这个账号就会在很长一段时间内成为创作者的变现利器。

平台青睐这些高权重的账号，给予他们流量扶持的原因也很简单，因为每一个平台都需要一批标志性的账号。

通过打造这样一批账号，并且将它们广泛宣传出去，就能够让这些账号产生示范作用，从而吸引大批内容创作者加盟到自身的平台，因此，每一个平台的初创期都是绝佳的上位时机。

每一个视频创作者都应该努力地将自己的账号打造成为高权重账号，那么平台怎样判定一个账号的权重是高还是低呢？

通常会基于以下5个参数进行考量。

传播指数

传播指数是指基于账号篇均阅读、评论、转发、点赞、收藏的计算值，数据范围为 0～1000。

所以，如果一个账号里面的作品比较少，但是每一篇作品的阅读、转发、评论、点赞、收藏的数值都非常高，那么这样的账号就很容易成为一个高权重账号，比如图17所示的抖音号"papi酱"就很明显是一个高权重账号。

反之，如果一个账号里面的作品非常多，但是只有几个作品的数据非常好，那么就会拉低整个账号的传播指数。

另外，不要指望删除数据不佳的视频来提升此数值，因为如果大批量删除一个账号内的视频，也会降低这个账号的权重。

▲ 图 17

粉丝指数

粉丝指数是指基于账号粉丝量、涨粉数、粉丝阅读、粉丝互动（评论、转发、点赞、收藏）等维度的计算值，数据范围为 0～1000。

粉丝是所有账号的一个最基本的考量标准，一个粉丝多的账号要明显优于粉丝少的账号。但是这里需要强调一点的是，如果一个账号的粉丝是由一个或者几个视频带来的，比如一晚上由于一个爆款视频增长了十几万的粉丝，计算粉丝指数时，这种粉丝的增量也会打一个折扣，类似于一些体育或者唱歌比赛时，去掉一个最高分，去掉一个最低分，取平均值的算法。

因为，由于一个爆款视频或者几个爆款视频带来的几十万粉丝，并不能够证明这就是一个非常优质的账号，这里带有一定的偶然性，所以在计算时，一定会将这个数据进行一个综合考量。

活跃指数

活跃指数是指基于发文数、回复评论数等维度的计算值，数据范围为 0～1000。

前面已经提到，对于任何的内容创作者来说，持续输出优质内容是一个非常硬的指标，也是一个很难跨过去的门槛，其实对于短视频平台而言也是同样的道理。

要想让自己的平台长期持续被关注，而不被其他平台所替代，那么自己的平台上面就必须长期有优质的视频不断涌现，而这背后实际上就是一个账号的活跃指数。

这个活跃指数是一个平均数据，不能指望通过在短时间内发布大量视频来提高活跃指数。因为，这很容易被平台判定为营销号，而应该拉长发布的时间，比如每天可能只需要发布2～3个或3～5个视频。

而且发布视频时还要间隔一定的时间，这样的账号就会被判定为是一个长期活跃账号。当账号已经有了一定的粉丝基础和相对稳定的流量后，保证2~3天发布一条视频即可维持活跃指数。比如美食类头部抖音号"家常美食教程"的视频发布频率就保持在两天一条，如图18~图20所示。

此外，每一个账号的运营人员还必须要与自己的粉丝所发布的评论进行良性互动，通过这样的操作就能证明，运营人员在用心去维护自己的账号，从而增加自己的活跃指数。

▲ 图 18

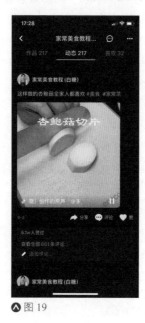
▲ 图 19

▲ 图 20

内容营销价值指数

内容营销价值指数是指基于粉丝指数、活跃指数和传播指数的加权计算值，数据范围为 0～1000。

这个基本上考量的是一个账号的拉新能力。拉新在因特网中是一个常用术语，也就是从平台外拉取一些新鲜的用户进来。

现在各大平台其实都进入了一个白热化的竞争状态，而竞争的目标就是存量用户。2019年，中国的因特网用户人数已经达到了一个顶峰，这个数值跟人口是密切相关的。

因此各大平台其实已经进入了一种博弈，简单地说，每个平台都希望从其他的平台拉取新的用户到自己的平台上，这也是为什么在不同的平台上跨平台相互转发往往是被禁止的。

比如，头条系的所有产品在腾讯系的所有产品中是无法分享的，如图21所示。虽然分享是被禁止的，但是并不代表不能够从其他的平台进行拉新，因为所有的视频都是可以下载后进行分享的。所以在每一个抖音视频的最后面都能够看到这样一句话，就是截屏保存抖音码，打开抖音查看，所以当不同账号的视频通过这种方法被分享，然后新的用户通过识别抖音码进入到平台，即完成了一次拉新操作，那么很显然哪一个账号能够为平台带来更多的新增用户，哪一个账号就可能成为高权重账号。

变现指数

▲ 图 21

每一个企业都有盈利的需求，抖音也不例外。对于平台来说，变现的方法其实并不多，首先就是广告，这是绝大多数平台的根本收入渠道。

其次是分成，也就是说每一次主播在直播时，观众和粉丝给予主播的打赏，每一个视频带货的佣金，平台都会抽取一定比例的分成。

从这一点来说，变现能力强的账号当然会被平台所青睐，这种账号与平台是一种共生关系。

虽然上面已经分析了若干种指数，并针对这些指数讲解了操作方法，但实际上如果每一个账号的运营人员和内容创作者，如果能够从心出发，用心为用户创作良好的内容，并且将粉丝当成朋友，相信不用去关注这些指数，同样能够凭借优质的内容成为高权重账号。

毕竟这些指数其实都是在"术"的层面，而用心创作良好的内容，将粉丝当成朋友，其实已经上升到了"道"的层面。

提高权重的8个方法

权重越高的账号，获得平台的扶持和激励就越多，也更容易获得流量。下面总结了提高账号权重的8个方法。

1.拍出"爆款"视频

拍出"爆款"视频是提高权重最有效的方法。因为它可以证明自己具有拍出满足观众需求的高质量视频的能力。平台也愿意将更多的资源向这种短视频账号倾斜，从而吸引更多的观众在该平台观看短视频。

2.稳定的内容输出

优质短视频内容的创作者与普通分享生活片段的用户相比，最大的区别之一就是能否保持稳定的内容输出。

优质短视频制作者是从"作者"的角度来运营短视频账号的，所以会持续地发布某一领域的视频。而当平台监测到某一账号发布视频的频率比较高，并且持续了较长时间（一个月左右），就会适当提高该账号的权重，作为潜在的激励对象。

3.使用热门音乐

在抖音或者快手等短视频平台的算法中，一个核心原则就是将那些火爆的、关注人数多的内容推送给观众，从而提高观众喜欢这个视频或者认可这个视频内容的概率。因此，如果在视频制作中使用了热门音乐，那么系统就更有可能将其推送到观众面前。

如果使用"剪映"进行后期处理，即可在添加音乐时，选择"推荐音乐"类别下的曲目，或者选择"抖音"分类下的曲目，如图22和图23所示。

4.参与热门话题或活动

在之前的内容中已经了解到，输入"#"可以参与某个话题，并且注明该话题的关注人数。如果该话题属于热门话题，在右侧会出现"荐"字标识。参与此类话题，同样可以起到提高权重的作用，如图24所示。

同时，笔者也建议读者多参加抖音官方组织的活动，对提高账号权重同样有好处。

5.使用最新的道具和贴纸

如果直接使用抖音自带的录制功能拍摄视频，可以点击界面中的"道具"选项，选择"最新"标签下的贴纸即可，如图25和图26所示。

如果是使用"剪映"添加贴纸，则直接点击"贴纸"选项，然后选择"热门"分类下的贴纸即可，如图27所示。

无论是直接录制时添加的"道具"，还是后期制作时添加的"贴纸"，均有针对当前热点特意设计的各种图案。添加这些效果既可以美化视频，还可以增加新鲜感，让观众感受到很强的时效性，对于提高账号权重也有积极作用。

6.多与粉丝互动

与粉丝互动不但可以提高粉丝黏性，还可以让系统认定该账号是由"自然人"运营的。而且回复的评论数量越多，证明该账号的活跃度越高，那么理所应当得到更高的权重。

◢ 图22

◢ 图23

◢ 图24

◢ 图25

◢ 图26

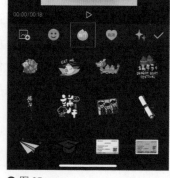

◢ 图27

7.在视频文案处@抖音小助手

@抖音小助手除了可以让发布的视频更容易上热门外，还有提高权重的作用。并且这是为数不多的、抖音官方曾经明确指出的提高权重的方法。

所以，基本上绝大多数视频都会@抖音小助手。但也许因为这样做的人太多，权重提升效果其实并不明显。作为短视频新手玩家，笔者还是建议不要错过任何一个可以提高权重的方法。

8.直接使用抖音App录制视频

虽说目前抖音上的绝大多数精品视频都是录制完成后再经过精心打磨才发布的，但抖音官方为了规避某些作者搬运视频，曾明确指出"凡是通过抖音App自带录像功能拍摄并上传的视频，均会获得流量与权重的扶持。"

所以在这里提醒广大读者，如果是一些奇闻轶事类的视频，不妨就用抖音App直接录制并上传，以此提高账号权重。但如果是需要经过打磨的视频，如剧情类视频，用抖音App直接拍摄并上传是不现实的。

另外，这种流量扶持并非常态，会随时结束，所以但凡有官方宣布支持的操作，一定要尽快跟上。

发布短视频也有大学问

短视频制作完成后，就可以发布了。作为短视频制作的最后一个环节，千万不要以为点击"发布"按钮后就可以了。发布内容的时间和发布规律都会对视频的热度产生很大影响。

发布短视频时"蹭热点"的两个技巧

不但制作短视频内容时要紧贴热点，在发布视频时也有两个蹭热点的小技巧。

1.@热点相关的人或官方账号

前面已经提到，@抖音小助手可以参与每周热点视频的评选，一旦被选中即可增加流量。类似的，如果为某个视频投放了DOU+，还可以@DOU+小助手。如果视频足够精彩，还有可能获得额外流量，如图28所示。

虽然在大多数情况下，@某个人主要是提醒其观看这个视频。但当@了一位热点人物时，证明该视频与这位热点人物是有相关性的，从而借用人物的热度来提高视频的流量，也是一种常用方法。

2.参与相关话题

所有视频都会有所属领域，因此参与相关话题的操作几乎是每个视频在发布时都必做的操作。

▲图28

比如一个山地车速降的视频，那么其参与的话题可以是"山地车""速降""极限运动"等，如图29所示；而一个做摄影教学视频的抖音号，其参与的话题可以是"摄影""手机摄影""摄影教学"等，如图30所示。

如果不知道自己的视频参与什么话题能够吸引更多的流量，可以参考同类高点赞视频所参与的话题。

参与话题的方式也非常简单，只需要在标题撰写界面点击"#话题"选项，然后输入所要参与的话题即可。

当然，话题也可以更具体一些，如最近人们比较受关注的"北京新发地"就可以作为一个话题。而且在界面下方还会出现相似的话题，以及各个话题的热度，如图31所示。

△ 图29

△ 图30

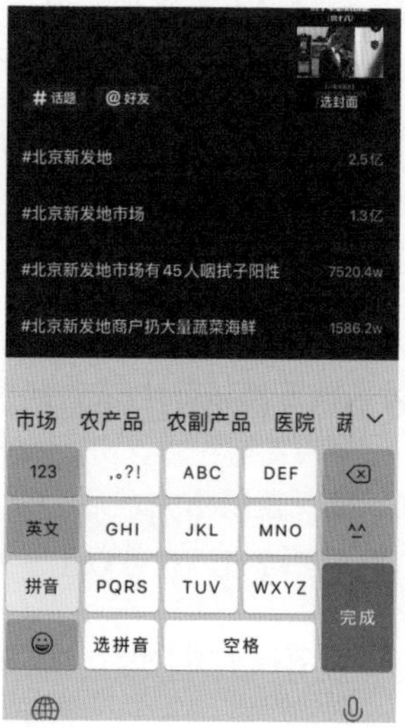

△ 图31

找到发布短视频的最佳时间

相信各位读者都会发现，同一类视频，质量也差不多，可在不同的时间发布时，其播放、点赞、评论等数据均会出现较大变化。这也从侧面证明了，发布时间对于一条视频的流量是有较大影响的。那么何时发布才能获得更高的流量呢？下面将从周发布时间和日发布时间这两方面进行分析。

从每周发布视频的时间进行分析

如果可以保证稳定的视频输出的话，当然最好是从周一到周日，每天都能发布一条甚至两条视频。但作为个人短视频制作者而言，这个视频制作量是很难实现的。那么就要在一周

的时间中有所取舍，在一周中流量较低的那一天就可以选择不发，或者是少发视频。

笔者研究了一下粉丝数量在百万以上的抖音号，其在一周中发布视频的规律，总结出以下3点经验。

（1）周日发布视频频率较低

其实这些头部大号基本上每天都在发视频，毕竟大多数都有自己的团队。但还是能够发现，周日这天发布视频的频率明显低于其他时间。

究其原因，由于周日临近周一，所以大多数观众都或多或少会准备进入上班状态，导致刷抖音的次数有所降低。

（2）周五、周六发布视频频率较高

周五和周六这两天，大多数抖音大号的视频发布频率都比较高。其原因可能在于，周五、周六这两天大家都沉浸在放假的喜悦中，有更多的时间去消遣，所以抖音视频的打开率也会相对较高。

（3）意外发现——周三也适合发布视频

经过对大量抖音号的发布频率进行整理后，笔者意外发现很多大号也喜欢在周三发布视频。这可能是因为周三作为工作日的中间点，很多人会觉得过了周三，离休息日就不远了，导致流量也会升高。

图32所示为抖音头部大号"刀小刀sama"在一周之中各天发布视频的数量柱形图，也从侧面印证了笔者的分析。

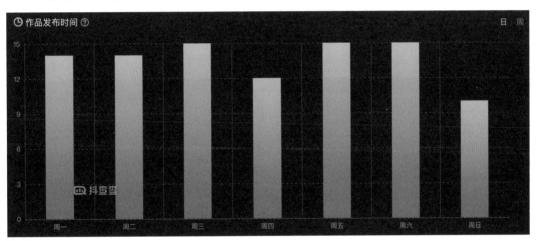

▲ 图32

从每天发布视频的时间进行分析

相比每周发布视频的时间，每天发布的时间其实更为重要。因为在一天的不同时段，用手机刷视频的人数会有很大区别。最简单的例子，夜间12点以后，绝大多数人都已经睡觉了，如果此时发布视频，肯定没有什么流量。

经过笔者对大量头部账号的视频发布时间进行分析，总结出以下几点经验。

（1）发布视频的时间主要集中在17点～19点

大多数头部抖音账号都集中在17点～19点这一时间段发放视频。其原因在于，抖音中的大部分用户都是上班族。而上班族每天最放松的时间应该就是下班后，坐在地铁上或者公交车上的时间。此时很多人都会刷一刷抖音上那些有趣的短视频，缓解一天的疲劳。比如搞笑类头部账号"papi酱"就是在此时段发布视频，如图33所示。

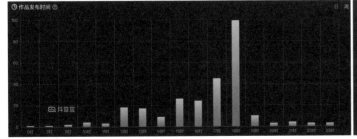

▲ 图33

（2）11点～13点也是不错的发布时间

首先强调一点，抖音上大部分的视频都在17点～19点发布，所以相对来说，其他时间段的视频发布量都比较少。但中午11点～13点这个时间段也算是一个小高峰，会有一些账号选择在这个时间段发布视频。这个时间段同样是上班族休息的时间，他们可能会利用碎片时间刷一刷短视频。

（3）20点～22点更适合教育类账号发布视频

在笔者搜集到的数据中，发现了一个比较特殊的情况。那就是教育类的抖音号往往会选择在20点～22点这个时间段发布视频，比如图34所示的教育账号"知一企业管理咨询"就是在此时段发布视频。

究其原因，由于17点～19点虽然看视频的人多，但大多数都是为了休闲放松一下。而当吃过晚饭后，一些上班族为了提升自己，就会花一些时间看一些教育类的内容；而且家里的环境也比较安静，更适合学习。

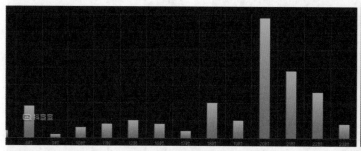
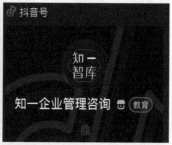

▲图34

让短视频发布具有规律性

如果想从零起步经营一个抖音号或者快手号，那么持续、有规律地发布视频是一个基本要求。因为连续、有规律地发布视频有以下3个好处。

1.培养观众黏性

当每天下午5点准时发布视频，并持续1个月左右后，你的粉丝就会养成习惯，每天5点准时来等着观看最新的视频。

这也是为什么很多短视频大号下方都会有催更或者是抢楼层的留言的原因，因为观众对你制作的视频内容产生了依赖。每天的这个时候就等着你更新视频，抢先评论，如图35所示。如果没有看到你的视频就觉得好像少了点什么。而这种黏性就是靠规律地、持续地发布优质视频而形成的。

一旦账号具有了这种黏性，即便内容质量有所起伏，也可以在较长一段时间内获得稳定的流量。

▲图35

2.获得平台推荐

一些账号经营者在最初的一两个星期劲头儿比较足，可能会保证每天发布视频，并且获得不错的流量。但也许因为各种原因，导致内容无法持续输出，当一个月后再发视频时，也许流量就会严重降低。

除了在这一个月时间内，粉丝会有所流失外，更重要的原因在于，当平台监测到你无法稳定提供内容后，推荐优先级就会降低，导致再发视频时的流量并不理想。

所以，持续、有规律地发布视频也有利于获得平台的推荐，提高视频的流量。

3.受众特点突出

发布视频的"规律性"，除了指发布时间具有一定规律，还指发布的内容也要具有一定的规律。短视频经营最忌讳的就是"东一锄子，西一棒子"。要保证每一次发布的视频都属于统一垂直领域，这样所获得的粉丝，或者是经常看你的视频的观众就会具有鲜明的特点，有着很强的共性。比如一个美妆类视频号，每次都发送美妆类的视频，那么其受众就会主要集中在20～40岁的女性，从而为今后的短视频变现打下基础。比如图36所示的抖音号"深夜徐老师"，不但其内容垂直度非常高，相似的封面设计也让观众感觉到其风格的突出与统一。

▲ 图36

短视频发布小技巧

在发布短视频时还有一些小技巧，可以帮助读者获得更多的流量，或者避免一些额外的成本支出。

1.利用其他平台预告短视频

前面已经提到过，通过在视频结尾处增加"下集预告"可以获得更多的关注。因为点击关注才能随时查看该账号的最新内容，否则以抖音的推送机制，下次就不一定还能遇见这个账号了。

除此之外，还可以利用微博、微信等平台，对下期短视频内容进行预告。既宣传了自己的账号和视频，还可以顺势与粉丝进行一波互动，可谓是一举两得。

为了让更多的观众观看视频，还可以搞一波福利。比如"今晚更新第23期视频，视频末尾有神秘礼物等着大家！"

2.发布短视频前一定要记得保存到本地

将视频保存到本地主要有以下3个好处。

（1）防止丢失

每一个视频都是自己劳动的成果，也许在其他地方还会用到，所以将其保存到本地，可以防止手机上的视频因各种原因而丢失。

最好将视频按照发布时间和标题进行命名再保存。这样当制作了大量视频后，可以方便搜索、寻找之前录制过的视频。

（2）方便转发到其他平台

为了让更多的观众看到自己的视频，通常需要将同样的视频发布在不同的平台上。此时直接将已经保存到本地的视频上传即可，而且在计算机中上传视频，其画质会更高。但需要注意将不同平台的Logo去掉，以免出现无法通过审核的情况。

（3）宣传自己的短视频账号

以上提到的"保存到本地"是指将制作好的原视频进行保存、备份。其实将短视频上传到抖音后，可以在抖音界面将视频保存到手机。这样做的好处是，视频左上角会出现抖音号，如图37所示。因此，如果将视频分享到微博或者朋友圈这些平台时，还可以宣传一下自己的短视频账号。

⚠ 图 37

3.在抖音中上传风格统一的封面

一个好看的封面势必会吸引更多观众欣赏自己制作的视频。而为了让自己的视频更有辨识度，很多创作者都希望使用风格相对统一的封面。但如果是在手机端发布短视频，点击"编辑封面"选项后，只能在视频现有的画面中进行选择，如图38所示。这就需要在剪辑视频时，在其中加入封面所用的图片，但会对内容的连贯性有所影响。

因此，笔者建议通过"抖音创作服务平台"进行视频上传。具体操作方法如下。

❶ 打开抖音官方网站并登录后，点击界面右上方的"发布视频"按钮，如图39所示。

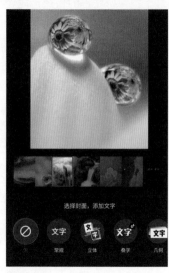

⚠ 图 38

⚠ 图 39

❷ 上传视频后进入如图40所示的界面，并点击"编辑封面"按钮。

❸ 选择界面上方的"上传封面"选项，然后上传已经准备好的封面即可，如图41所示。

⚠ 图 41

⚠ 图 40

掌握抖音粉丝运营技巧

自然涨粉：坚持输出高质量内容

在抖音这个平台上可以说播放量过千万、点赞数十上百万的视频比比皆是，但为什么在分类账号排行榜中却发现位于头部的一直是相同的几个大号。

所以，大家可能都会有这样一个困惑，就是偶然间自己爆了一个视频，播放量达到了非常高的量级，但却发现粉丝并没有增长多少。

为解释其中的原因，下面以摄影行业为例进行讲解。在摄影行业，判断一个摄影师的基本水准并不是看他最好的作品，而是看他最烂的作品。好的摄影师能够维持在一定的水准，因为他们有套路、有想法，有一定的技术水准，所以不会拍出毫无品质的烂照片，这样的摄影师通常会被很多人关注、认可。

同样的道理，在抖音平台上面，判断一个账号的基本水准也不是看他的爆款视频达到了几百万甚至上千万的播放量，而是看他大多数视频的播放量、点赞量和转发量。

因为其实大家都很明白，在抖音上有一些爆款视频纯粹就是"瞎猫碰到死耗子"，这种账号大家通常只是看看，并不会关注。因为，当抖音上的粉丝要去关注一个账号时，通常会采取两个步骤。

❶ 进入到账号主页，翻看一下。

❷ 打开几个封面不错的视频，看看视频的大体水准如何。

只有这两个步骤获得的印象都不错，才有可能去关注。

因此，大号往往不是用一个视频征服他的粉丝的，而是用一批视频让粉丝相信他有持续输出优质内容的能力。

所以，跟其他很多领域一样，想在抖音平台积累足够多的粉丝，必须拥有坚持的态度和一颗恒心。

远离刷粉：刷粉会浪费抖音官方给予的流量扶持

很多刚开始做抖音的小伙伴儿，希望通过刷一些粉丝，刷一些赞，去做一下自己的数据装修，但其实这是一个非常大的误区。

以刷粉丝为例，如果账号只有1000粉丝，刷了9000粉丝，虽然看上去有1万粉丝，"门面"好看不少，但殊不知这会对今后的视频发布造成很大的影响。

比如当发布一个视频以后，平台会从这1万粉丝里面抽取一部分粉丝，将视频推送给他们，但是由于这些粉丝几乎都是购买来的假粉丝，也就是所谓的"僵尸粉"。所以，当视频发布以后，即使能够在他们的手机上呈现这个视频，他们也绝不会去点赞、转发这个视频。

那么在前期平台给予我们的流量就被浪费了。因此，即使视频内容非常好，也不可能获得太多点赞，也没有办法进入下一级更大的流量推荐池，被推送给更多的用户。

同样道理，如果去刷一些评论或者说刷赞，发布一个新视频时，平台会从那些已经对我们的视频评论或是点赞过的用户群体里面，随机抽取一部分推送这些视频。

但由于这些点赞或者发评论的都是一些营销账号，因此绝不可能与这个新的视频产生互动，这样就导致视频的完播率、点赞率和转发率数据非常低，所以也没有爆起来的可能。

通过DOU+推广涨粉实现效益最大化

既然不建议刷粉，那么如何增速粉丝积累呢？其实投DOU+是一个不错的方法。有关投DOU+的具体方法，读者可以在"第6章 玩转抖音付费流量"中进行系统学习。这里只针对投DOU+增粉的小技巧进行讲解。

选择自然流量较高的视频投放DOU+

为了让投放DOU+涨粉的收益最大化，建议在发布视频后，等自然流量已经基本稳定后，从中选择播放量较高的视频进行DOU+投放。因为既然抖音官方给了该视频较多的自然流量，证明其更受观众欢迎。所以对该视频投DOU+，更容易吸引观众关注账号。

通过DOU+批量投放确认高潜力视频

如果有几个视频的播放量差不多，不容易判断哪个视频更有利于涨粉时，可以通过DOU+进行批量投放。批量投放的好处在于，100元就能够给最多5个视频进行流量加热，从而降低通过DOU+筛选优质视频的成本，然后选出涨粉效果最优的视频进行投放即可。

投放目标设置为"粉丝量"

当投放目标设置为"粉丝量"时，抖音会将该视频推送给更愿意点击关注的观众，从而优化粉丝增长的效果。因此，要想涨粉，投"粉丝量"是性价比最高的。

通过官方话题蹭热度涨粉丝

在发布视频时，总要添加几个热门话题，目的就是为了通过话题来获得更多的流量。除了热门话题，抖音官方话题其实是一个更好的选择。因为很多通过社会事件产生的高热度话题，等你发现时，这个话题其实已经火了，已经存在着相当多与该话题相关的视频了。但抖音官方话题是抖音自建的，相对而言，不存在信息获取的时间差。只要通过官方账号"抖音小助手"的主页，就可以看到抖音目前在推的"官方话题"，如图42所示。可以看到，有些话题才只有1000多播放，竞争就会小一些。

当然，由于是抖音官方自建话题，所以并不是每个话题都会火。但只要习惯性地看一看官方话题，与自己视频相关的就加上，没准儿哪一天自己的视频就会随着话题的火爆而获得很高的流量。并且抖音官方的流量也会向相关话题的优秀视频进行倾斜，这对于提高流量、积累粉丝也有一定的帮助。

△ 图42

在抖音官方后台进行基本运营操作

对于自己账号的情况，通过抖音官方计算机端后台即可查看详细数据，从而对目前视频的内容、宣传效果及目标受众具有一定的了解。同时还可以对账号进行管理，并通过官方课程提高运营水平。下面首先介绍如何通过抖音官方后台进行视频的基本操作。

进入计算机端后台的方法

❶ 在百度中搜索"抖音"，点击带有"官方"标识的链接即可进入抖音官网，如图43所示。

❷ 点击抖音首页上方的"创作服务平台"选项，如图44所示。

❸ 登录个人账号后，即可直接进入计算机端后台。默认打开的界面为后台"首页"，通过左侧选项栏即可选择各个项目进行查看，如图45所示。

◠ 图 43

◠ 图 44

了解账号基础数据

在"首页"中的"数据总览"一栏，可以查看"昨日"的视频相关数据，包括播放总量、主页访问数、视频点赞数、新增粉丝数、视频评论数、视频分享数共六大数据，如图46所示。

通过这些数据，可以快速了解昨日所发视频的质量。如果昨日没有新发布视频，则可以了解到已发布视频带来的持续播放与粉丝转化等情况。

◠ 图 45

◠ 图 46

对视频内容进行管理

通过计算机端后台不但可以发布视频，还可以点击右侧的"内容管理"选项进行视频管理。在该界面中，可以查看所有在抖音上发布的商品，并且将鼠标移动到某个具体视频上时，可以对该视频进行设置权限、视频置顶和删除视频3种操作，如图47所示。

△ 图 47

设置权限

通过"设置权限"选项可以控制"哪些人能够看到视频"，以及是否允许观众将该视频保存在自己的手机中。

一般而言，为了流量最大化，"谁可以看"一栏建议设置为"公开"。而对于只为起到备份、保存作用的私密视频，建议设置为"仅自己可见"。而在"允许他人保存视频"一栏中，考虑到对版权的保护，建议设置为"不允许"，如图48所示。但需要强调的是，对于爆款视频而言，设置为"允许"可以让视频得到更快速、更广泛的传播。

△ 图 48

视频置顶

将高流量作品进行置顶，可以让进入主页的观众第一时间看到该视频，从而以最优质的内容抓住观众的眼球，进而让其产生有关注该账号的想法。

需要注意的是，抖音可以同时置顶3个视频，并且最后设置为"置顶"的视频将成为主页的第一个视频，另外两个则根据置顶顺序依次排列。在计算机端设置3个视频置顶后，其手机端显示如图49所示。

如果要取消视频置顶，在计算机端后台中，同样将鼠标悬停于该视频上，然后点击视频下方的"取消置顶"即可，如图50所示。

△ 图 49

△ 图 50

删除视频

对于一些在发布后引起了较大争议并出现掉粉现象的视频要及时删除，避免账号权重降低，影响未来发展。

对互动进行管理

互动管理包括关注管理、粉丝管理和评论管理。在"关注管理"中，可以查看该账号已关注的所有用户，并可直接在该页面中取消关注，如图51所示。

◆ 图 51

通过"粉丝管理"选项可以查看所有关注自己账号的粉丝，在该页面中可快速"回关"各粉丝，如图52所示。

◆ 图 52

"评论管理"界面稍微复杂一些。首先要点击右上角的"选择视频"按钮，查看某一视频下的评论，如图53所示。

◆ 图 53

在打开的列表框中，不但可以看到视频封面及标题，还可以直观地看到各视频的评论数量，方便选择有评论或者评论数量较多的商品进行查看，如图54所示。

选择某个视频后，评论即可显示在界面下方，可以对其进行点赞、回复或者删除等操作，如图55所示。

◆ 图 55

◆ 图 54

分析"数据总览"查看详细视频数据

在计算机端后台左侧边栏选择"视频数据"选项，可以获取更多反应视频热度及目标群体的数据，其中就包括"数据总览"。在"数据总览"选项中，可以查看播放数据、互动数据、粉丝数据及收益数据。

分析播放数据

播放数据不但能够查看"昨日播放总量"，还能够分别查看7天、15天和30天的播放量曲线图。通过该曲线图可以直观地看到该账号在一定时间范围内播放量的发展趋势。如图56所示即为某账号30天的播放量曲线图。

如果视频播放量曲线整体呈上升趋势，则证明目前视频内容及形式符合部分观众的需求。只要不断提高视频质量，则很有可能出现爆款视频。

如果视频播放量曲线整体呈下降趋势，则有3种可能：第一种是视频质量较低，导致播放量逐渐下降；第二种是视频内容的呈现方式有问题，无法提起观众的兴趣；还有一种则是在视频质量及内容呈现方式上都有问题，需要多学习相似领域头部账号的内容制作方式，并在此基础上寻求自己的特点。

分析互动数据

通过互动数据选项可以查看昨日主页访问数、视频点赞数、视频评论数及视频分享数，从而客观了解观众对新发布的视频的评价。另外，也可以查看某种互动指标在7天、15天或者30天的数据曲线，从而起到辅助判断视频质量的目的，如图57所示。

通过"互动数据"对内容优劣进行判断要比播放量更有前瞻性。比如一个视频账号的播放量一直很高，内容也很好，可最近几期视频质量却比较低。由于观众的浏览习惯具有一定的惯性，所以即便视频质量降低了，播放量很有可能依旧很高，这就对视频制作者产生了误导，认为观众依然认可自己的视频。但随着时间推移，播放量定然会出现下降趋势，此时再发现，损失就会比较大。而"视频点赞数""视频分享数"等互动数据的反应相比播放量则更加迅速。只要观众不喜欢当期视频，那么在这两个指标上的下降状态就会迅速表现出来，从而让视频制作者更快提高警惕，寻找问题所在。

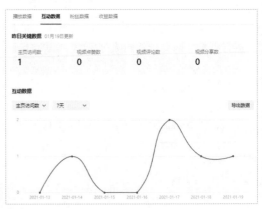

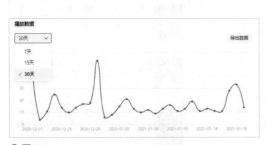

▲图 56

▲图 57

分析粉丝数据及收益数据

通过粉丝数据可以查看总粉丝数及昨日新增粉丝数。同样，对于总粉丝数及新增粉丝在7天、15天、30天的数据曲线也可在界面下方生成，如图58所示。

总粉丝数与新增粉丝数都能反映出视频内容是否符合观众的胃口。但相对而言，新增粉丝数这一指标的趋势更为关键。

因为只要有新增粉丝，总粉丝数就处于增长的趋势。但如果新增粉丝数逐渐降低，总有一天总粉丝数会出现降低或者维持不变的情况。

所以，一旦新增粉丝数逐渐下降，就需要引起视频制作者的注意。因为这证明所发布的内容对观众的吸引力正在逐渐下降。对于刚刚起步的账号而言，出现新增粉丝下降往往是因为内容过时或者是呈现方式不够新颖，无新意，质量较低等。此时建议利用第三方数据平台，找到同领域增粉速度呈上升趋势的账号，找到与它们之间的差距，并根据自己的优势进一步提升视频质量。

当然，如果自认为视频内容没有问题，也可以尝试进行DOU+推广，在短时间内积累更多的粉丝，不要因为推广的不足而导致优质的内容被埋没。

在"收益数据"选项中，各位可以查看在抖音平台及西瓜视频平台上的收益。点击右侧的"查看补贴明细"后，即可进入收益的详细分析界面，如图59所示。

如果查看的是西瓜视频平台收益，即可自动跳转到头条号，并显示详细的收入来源。此处的图表相比其他指标要更为全面，不但能够以天、周、月3种时间单位查看收益，还同时显示折线图与柱状图。其中折线图更有利于对收益趋势进行分析，而柱状图则更能直观地体现出哪些时间所发视频的收益更高，哪些更低，从而方便我们不断改善内容，提高收益，如图60所示。

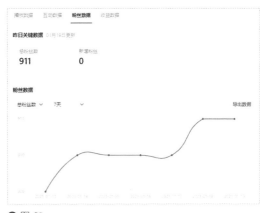

◆ 图 58

◆ 图 59

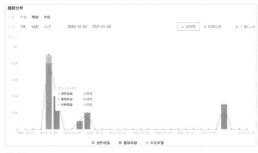

◆ 图 60

利用作品数据剖析单一视频

电脑端后台单一视频数据分析

如果说"数据总览"重在分析视频内容的整体趋势，那么"作品数据"就是用来对单一视频进行深度分析。因此，需要首先点击界面右侧的"选择视频"来确定需要查看详细数据的视频，如图61所示。需要注意的是，该列表中只包含近30天内发布的视频。所以，30天以前发布的视频就无法通过后台查看详细数据了。

图 61

正如上文所说，作品数据与数据总览的区别在于"个别"与"整体"，所以在该选项中同样包含播放量、互动量等指标，其中的相似之处这里不再赘述。需要重点关注的是其独有的完播率与平均播放时长，如图62所示。

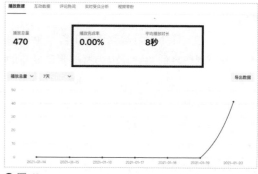

图 62

通过播放完成率（完播率）可以分析出当前视频的内容是否紧凑，是否可以一直吸引观众看完。图62中显示的完播率为0，证明该内容无法持续引起观众的兴趣，相对比较枯燥。另外需要注意的是，由于抖音平台主打短视频，所以绝大部分受众都是利用碎片时间去浏览，那么时长较长的视频往往完播率会很低。这就需要视频制作者对症下药，在提高视频趣味性的同时，还要注意控制单个视频时长。对于长视频，则建议分段上传，以符合受众需求。

而"平均播放时长"这一指标在很大程度上说明了视频开头最重要的5秒能否吸引观众。同样以图62中的数据为例，其平均播放时间仅有8秒，证明视频的开头并没有引起观众的兴趣。

通过"粉丝画像"更有针对性地制作内容

作为视频制作者，除了需要了解内容是否吸引人，还需要了解吸引到了哪些人。从而根据主要目标受众，有针对性地改良视频。而"粉丝画像"其实就是对观众的性别、年龄、所在地域及观看设备等指标进行统计，从而让视频制作者了解手机那边的"粉丝"都是哪些人。

性别与年龄数据

通过"粉丝画像"中展示的性别分布及年龄分布，就可以大致判断出受众人群的特点。比如从图63和图64分别展示的性别分布和年龄分布中，可以得出该账号的受众主要为中老年男性。因为在性别分布中，男性观众占据了67%，这个数据很直观，无须过多分析。

在年龄分布中，31～40岁、41～50岁及50岁以上的观众加在一起，其数量接近70%，所以能够得出中老年是该账号的主要受众。

根据上述分析，在制作视频内容时，就要避免过于使用流行、新潮的元素。因为中老年人往往对这些事物不感兴趣，甚至有些排斥。

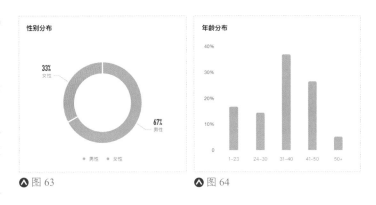

△ 图63

△ 图64

地域分布数据

通过地域分布数据，可以了解粉丝大多处于哪些省份（如图65所示），从而避免在视频中出现主要受众完全不了解，或者没兴趣的事物。

比如在地域分布中发现大多数观众都处于我国南部，那么作为一个摄影类账号，在介绍雪景拍摄的相关内容时，其播放量势必会有所下降。

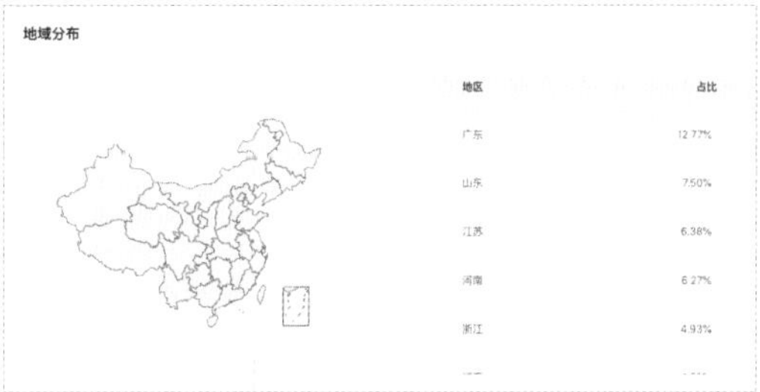

以图65为例，当发现相当多的粉丝集中在广东、山东、江苏、浙江等沿海省份时，作为摄影类账号，在介绍海景摄影相关内容时，其播放量表现就会相对更好。

△ 图65

其他数据

在"粉丝画像"这一栏中还有设备分布、粉丝兴趣分布、粉丝关注热词等数据统计。读者可以从中更全面地了解受众，并制定内容录制计划。

需要注意的是，一些数据看似意义不大，其实可以从中挖掘出更多潜在的突破口。以粉丝兴趣分布为例，如图66展示的是一个摄影账号的粉丝兴趣分布，其中对拍摄感兴趣的粉丝达到了78.18%，这个数据其实就没有太大的作用。因为作为摄影类账号，其观众大部分对拍

粉丝兴趣分布

兴趣	占比
拍摄	78.18%
生活	35.75%
演绎	34.32%
影视	24.34%
新闻	18.86%

△ 图66

摄感兴趣是理所当然的，是必然情况。但重点在于会有近35%的观众对"生活"感兴趣。

从这一点就可以发现，热爱摄影的人往往也热爱生活。那么在制作摄影类视频时，就建议多介绍与生活相关的拍摄题材，如人像摄影、静物摄影、花卉摄影等。因为这些题材都是人们在生活中经常会去拍摄的。如果你介绍商业摄影、介绍棚拍或新闻摄影，那么很有可能没有很高的播放量。

在"粉丝画像"一栏中查看的其他数据如图67~图69所示。

▲ 图 67

▲ 图 68

▲ 图 69

利用"创作周报"激励自己不断进步

"创作周报"就好像是抖音为用户自动生成的"工作总结"，从而每周都能了解到目前账号的成长情况。需要注意的是，平台只会为用户保留近2个月的创作周报，超过时限的周报将无法查看。点击图70右侧的"立即查看"即可浏览周报的详细内容。

2021.01.04-2021.01.10创作周报新鲜出炉~

亲爱的创作者，你有一份创作者周报等待查收~ 立即查看

2020.12.28-2021.01.03创作周报新鲜出炉~

亲爱的创作者，你有一份创作者周报等待查收~ 立即查看

2020.12.21-2020.12.27创作周报新鲜出炉~

▲ 图 70

上周创作排名

上周创作排名

上周你的创作表现超过了 83.75% 的同级创作者　　上周你的视频播放量超过了 82.95% 的抖音用户

▲ 图 71

在周报中，最醒目的就是"上周创作排名"。排名分为"创作表现"和"视频播放量"，如图71所示。通过这两个排名可以看出账号的"相对"成长趋势。所谓"相对"，就是与别的账号相比，创作量及播放量是处于加速增长还是减速增长。

当这两个数据低于50%时，就说明有更多的账号成长速度比你要快，久而久之，你的账号就会被别人甩开，不具备竞争力。

而当这两个数据均高于50%时，说明你的账号处于中上游的成长速度，只要保持下去，就能够超越更多的人，逐渐成长为头部账号。这也是为什么说"创作周报"可以不断激励创作者不断进步的原因。在同别人的竞争、比较当中，一旦松懈，原地踏步，就会在数据上直观地呈现地出一个事实——你正在被更多的人超越。

上周关键数据

"上周创作排名"是与别人比，而"上周关键数据"则是和自己比。

在上周关键数据的各个数值右下角会有增加或减少的百分比。这个代表的是上周该数据与上上周该数据相比增加或减少了多少。所以如果像如图72所示，其数值均为红色，则证明该账号的"增长速度"处于上升趋势。而如果像如图73所示，其数值为绿色，不代表上周没有增长，而是指"增长速度"与上上周相比下降了，长此以往，总有一天会出现零增长的情况。所以相当于为视频创作者敲响了警钟。

▲ 图72

▲ 图73

上周表现最佳视频

在"创作周报"界面中，抖音平台会根据点赞、播放、分享、评论等指标综合判断出上周所发视频中表现最佳的一个，如图74所示。从而让视频制作者以最优质视频为基础，确定今后的视频内容方向，并继续打磨，制作出更高质量的内容。

▲ 图74

利用"重点关注"向别人学习

尤其是刚刚起步的抖音号，有很多地方都需要向同领域的头部账号学习。虽然在这一点上，抖音官方后台的功能比较薄弱，但却可以通过"重点关注"一栏添加关注的账号，并快速浏览这些账号刚刚发布的、与自己相同领域的视频。

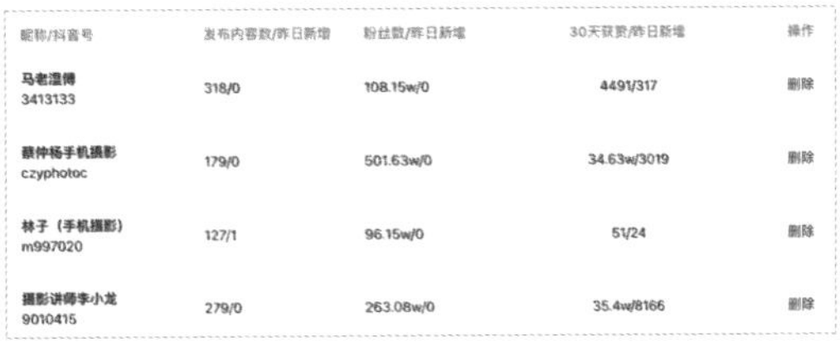

▲ 图75

利用"我关心的"添加头部账号

点击"重点关注"一栏中"我关心的"选项，在该界面中即可看到已关注账号的相关数据，如图75所示。对于一些昨日新增特别高的账号，就可以在手机端看一看是什么内容如此受欢迎，从而第一时间抓住该领域内的热点。

我关心的

你当前已添加 9 个账号，还可以添加 1 个账号　＋ 现在添加　仅支持添加3000粉丝以上抖音号

▲ 图76

通过点击界面上方的"现在添加"，如图76所示，即可添加希望关注的账号。

在添加账号时需要注意以下两点。

❶ 一共只能添加10个关注的账号，尽量挑选那些头部大号添加。

❷ 添加关注的账号需要"抖音号"，不是"昵称"。抖音号可以在手机端的关注列表中点击某账号后，在其昵称下方查看。比如图77中，"李佳琦Austin"下方的"166902759"即为抖音号。

▲ 图 77

通过"与我相关"浏览最新视频

点击"重点关注"一栏中的"与我相关"选项，即可在该界面中查看与自己所发视频领域相近的、最新发布的视频。如图78所示即为一个摄影类抖音号在"与我相关"界面中接收到的视频，可以发现几乎都有"手机摄影"关键词。点击右侧红框内的视频，即可在计算机中观看视频内容。

▲ 图 78

通过手机端后台进行数据分析

除了在电脑端可以看到一系列视频数据，其实在手机端，抖音也为用户准备了丰富的视频数据，甚至一些数据是在电脑端后台都看不到的，以供内容创作者、运营者找到视频中的问题，并有针对性地在运营上寻求改变。

找到手机端的视频数据

在手机端查看视频数据的方法非常简单，只需要以下两步。

❶ 浏览想要查看数据的视频，点击界面右下角"图标"图标，如图79所示。

❷ 在打开的界面中点击"数据分析"选项，即可查看数据，如图80所示。

▲ 图 79　　　　　　▲ 图 80

找到与同类热门视频的差距

进入数据界面后，首先看到的如图81所示的该视频与热门视频不同时间观众留存的曲线对比图。通过该对比图可以直观地看出自己的视频与同类热门视频相比，是更优秀、相差不多，还是有一定差距。

如果红色曲线整体在蓝色曲线之上，则证明该视频比同类热门视频更受欢迎，那么只要总结出该视频的优势，在接下来的视频中继续发扬，账号的成长速度就会非常快，如图81所示。

如果红色曲线与蓝色曲线基本重合，则证明该视频与同类热门视频质量相当，如图82所示。接下来要去做的就是继续精进作品，至于如何精进，下文会教给读者通过"点赞分析"找到精进的方向。

如果红色曲线在蓝色曲线之下，则证明该视频内容与热门视频有一定差距，同样需要对视频进行进一步打磨，如图83所示。

具体来说，根据曲线线型不同，产生差距的原因也有区别。如果像如图83所示，在视频开始的第4秒，观众留存率就已经低于热门视频，则证明视频开头没有足够的吸引力。可以通过快速抛出视频能够解决的问题，或者指出观众痛点来增加开头吸引力，进而提升观众留存。

如果曲线在视频中段，或者中后段开始低于热门视频的观众留存，则证明观众虽然对视频选择的话题挺感兴趣，但因为干货不足，或者是没有击中问题核心，导致观众流失，如图84所示。

通过"视频数据分析"准确找到问题所在

根据"不同时间观众留存的曲线对比图"只能找到视频是在哪一方面出现了问题，导致其不如热门视频受欢迎，而要想明确视频中的具体问题，还要通过更多数据进行分析。

点击图83中的"查看视频数据分析"，即可进入如图84所示的界面。在该界面中，可以通过拖动下方的滑动条，将"观众留存"及"观众点赞"与视频内容直观地联系起来。从而准确到哪个画面、哪句话更受欢迎，以及哪些内容不受欢迎。

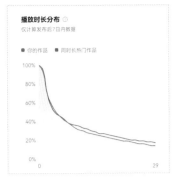

图 81

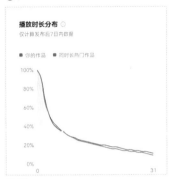

图 82

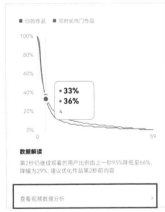

图 83

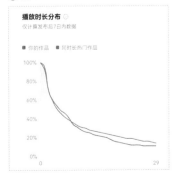

图 84

通过"观看分析"找到问题内容

所谓"观看分析"曲线，其实就是"观众留存"曲线。通过该曲线与视频内容的联系，可以准确地找到让观众大量流失的内容。

比如图85中的"观看分析"曲线显示，观众在视频开始阶段便迅速流失。而同长度的热门视频的曲线如图86所示，可以看到流失是比较平缓的。

所以接下来就需要重点分析一下，自己拍的视频为什么在开头导致了观众如此迅速的流失？根据曲线，就可以将问题内容定位到视频的前20秒。所以只需要反复观看前20秒的内容，并找到导致观众流失的原因即可。

笔者发现，该视频在前20秒的时间内只是向观众传达了"这是一个讲解对焦追踪灵敏度设置"的视频。除此之外，就再也没有有用的信息了。而对于短视频而言，开头5秒，甚至现在强调开头3秒一定要吸引住观众。那么对于一个开头20秒都没有能够触动观众的视频而言，为什么在开头便流失大量观众也就不言而喻了。

△ 图 85

分析问题内容找到解决方法

找到问题内容后，就要寻求解决方法。如果想快速抓住观众，一定要第一时间抛出观众痛点，或者告诉观众能解决什么问题。

△ 图 86

比如对于讲解"对焦追踪灵敏度设置"的视频而言，第一个画面直接放出一张遮挡物清晰而主体模糊的照片，并配上文案"你是不是也会拍出这种模糊的照片？学会设置'对焦追踪灵敏度'，解决你的问题"这样一句话，语速稍微快点，4秒钟就可以完成。

在这4秒钟内，既通过画面直击那些拍过这种模糊照片观众的痛点，又通过语言告诉观众，"对焦追踪灵敏度设置"可以解决这个问题。4秒钟就可以让拍出过这种"废片"的观众对"对焦追踪灵敏度设置"产生兴趣，进而继续看下去，了解详细的设置方法。

通过"视频数据分析"找到内容的闪光点

通过"视频数据分析"不但能找到问题内容，还可以找到内容中的闪光点，进而发现观众喜欢什么内容。

同样以讲解"对焦追踪灵敏度设置"这一短视频为例，虽然在开头有大量观众流失，但依然有部分观众继续观看了之后的内容，并且该视频也获得了155个点赞。通过如图87所示的"点赞分析"，即可定位获得观众点赞更多的视频内容，进而为今后的视频创作提供指导。

将时间轴移动到"点赞曲线"的第一个波峰位置，发现是在实景讲解的部分，如图87所示。从此处可以分析得到，对于相机功能讲解而言，观众更喜欢通过实拍进行讲解的形式。

可能会有读者觉得，如果只靠一个"点赞波峰"就做此推断有些过于草率。所以笔者又将时间轴移动到了第二个明显的"点赞波峰"上，发现同样为场景实拍部分，如图88所示，从而坐实了之前的分析是可靠的。

▲ 图 87

▲ 图 88

因此，在今后继续进行相机功能讲解视频的制作时，就可以采用场景实拍的方式，以此迎合观众的需求，让视频更受欢迎。当通过此种方法不断地对视频进行打磨，以观众的"点赞"作为内容创作指导方向时，总有一天可以创作出如图89所示的、观众的点赞均匀分布在视频的任意时刻，也就是说几乎每一个画面都让观众感觉满意。

通过"播放趋势"确定视频最佳发布时间

通过对不同领域头部大号的视频时间进行分析，已经得出其视频发布相对合理的时间。但每位内容创作者录制的视频，哪怕是相同领域的内容，其受众也会有一定差异。所以最终相对较优的视频发布时间，仍然要由自己的视频数据进行确定。

▲ 图 89

在进入"视频数据分析"界面后，向下滑动界面，即可看到"播放趋势"图表，如图90所示。

在分析该曲线图时，先不要看占画面比例较大的曲线，而是先看界面下方一长条的"小曲线"。因为在该曲线中，可以完整查看在发布后72小时内，何时的播放量最高。

移动"小曲线"上的"滑动条"至波峰位置，即可通过大曲线图详细查看在细分时间内的具体播放量。而播放量最高的时间，就是相对更理想的视频发布时间。

当然，只通过一个视频的"播放趋势"曲线不足以找到真

正理想的视频发布时间。尽量在多个相对合理的时间点发布视频，然后统计其播放量波峰出现的位置和波峰具体能达到的高度，进而最终确定一个更合理的视频发布时间。

通过其余图表感受"流量"的重要性

进入"数据分析"界面后，除了可以看到"播放量"的数据，还可以通过点击右侧的"互动趋势""吸粉趋势""商品数据"分别查看点赞、粉丝和商品销售情况。

查看了大量视频的图表后会发现，无论是互动趋势还是粉丝变化、商品数据，与播放量的趋势都基本相同。也证明了对于同一个视频而言，流量高的时段往往就是点赞多、转化粉丝多、卖出商品多的时段。

因此，作为视频创作者和运营者，应该将提高视频播放量作为终极目标。

比如"6招拍出漂亮花卉"这一视频的播放量，除刚发布时的播放量处于峰值外，第二天的21时30分左右出现了第二个峰值，如图91所示。

再查看其"互动趋势"图表，可以看到其点赞的第二个峰值出现在20时10分左右，两者间只相差1个小时左右，如图92所示；在"吸粉趋势"图表中，同样在20时10分左右出现了波峰，如图93所示。

这个案例可以说是笔者查看的大量视频数据的一个缩影，也就是播放量高的时间点，其他数据往往也比较高，从而通过数据证明视频流量的重要性。而这些数据本身对于运营的参考意义，其实与"播放量"相对比是雷同的，所以此处不再赘述。

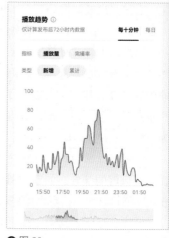

图 90

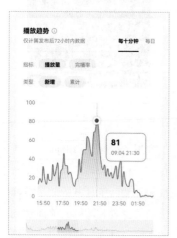

图 91

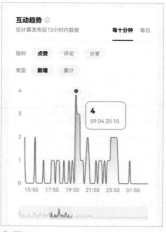

图 92

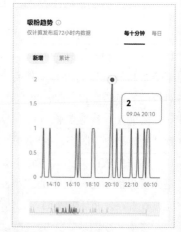

图 93

除此之外，点击"数据分析"界面的"受众人群"，如图94所示，还可查看该视频的粉丝画像，其分析方法与上文的"粉丝画像"相关内容类似；若点击界面下方的"查看更多数据分析"按钮，则可以掌握账号整体数据，如图95所示。其数据与上文介绍的电脑端后台数据相同。基于此，这两部分数据分析均不再赘述，读者参考上文内容即可。

△ 图94

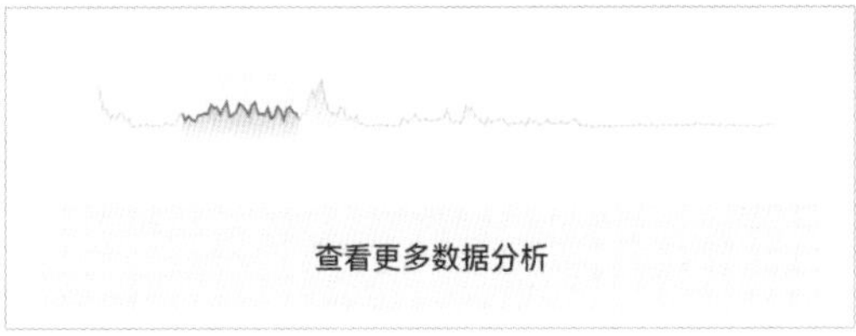

△ 图95

跟抖音官方学运营

玩短视频的人越多，就会有更多的新玩法涌现出来。稍不留神，可能就会落伍，被潮流所淘汰。所以，玩抖音一定要与时俱进，在制作短视频的同时也要不断学习，了解最新、最潮、最酷、观众最喜欢的视频是什么样的。

那么如何才能跟上"短视频"这趟"快车"呢？可以通过以下几个渠道学习并了解最适合当下的短视频玩法。

通过抖音官方账号进行学习

从官方账号上学习短视频玩法可以避免被因特网上鱼龙混杂的各种教学带偏。毕竟是"官方"账号，所以其权威性和专业性是可以保证的。

而且，抖音的官方账号绝不仅仅只有短视频制作教学，还包括账号运营、广告投放等方法，均有相关视频进行讲解。

目前的抖音官方账号有"抖音创作者学习中心""抖音服务中心""创作灵感小助手""DOU+电商助手"等。笔者搜集了19个抖音官方账号，读者可以在视频页面搜索，并关注这些官方账号。

内容创作类官方账号

为大家搜集的内容创作类官方账号包括"巨量商家创作助手""创作灵感小助手""抖音创作者学习中心""巨量创意"，如图96所示。

△ 图96

电商带货类官方账号

为大家搜集的电商带货类官方账号包括"巨量星图小助手""抖音电商""企业号电商助手""电商小助手",如图97所示。

▲图 97

DOU+广告及推广类官方账号

为大家搜集的 DOU+ 广告及推广类官方账号包括"巨量公开课""巨量推广小助手""小店随心推""DOU+ 电商助手""DOU+ 小助手",如图 98 所示。

▲图 98

账号运营类官方账号

为大家搜集的账号运营类官方账号包括"巨量课堂""巨量千川""巨量学""抖音安全中心""抖音服务中心""企业号小助手",如图 99 所示。

▲图 99

通过"创作者学院"进行学习

抖音专门建立了"学习中心",其中包含很多经营账号的课程。比如"平台政策课程""内容创作升级课程""品类内容进阶课程""创作者变现课"等。

这些官方账号中不但有大量短视频教学,其中绝大多数还会以直播的形式讲授运营、创作技巧,对于短视频行业新手而言非常有帮助。而且在直播过程中还经常会有活动,也算是抖音官方对内容创作者的一种回馈和鼓励。

依次点击右下角的"我"—右上角的图标,在打开的菜单中选择"创作者服务中心"选项,即可找到"学习中心"入口,如图100所示。点击进入后,即可学习各个课程,如图101所示。

▲ 图 100

▲ 图 101

通过"剪映"学习最新潮的视频后期技巧

抖音上很多火爆的短视频其实都是使用官方后期App——剪映中的某个功能实现的。而在剪映的"教学"分类下,会对当前最火爆的后期效果进行教学。当然,其中也包含抖音官方的视频后期课程。

只需要打开剪映App,点击界面下方的图标,即可找到海量后期技巧教学,如图102所示。

▲ 图 102

通过"反馈与帮助"解决各种问题

在使用抖音的过程中,可能会出现与账号、视频、直播、推广相关的各种问题,这时可以通过"反馈与帮助"功能解决绝大部分问题。

❶同样依次点击右下角的"我"—右上角的图标,在打开的菜单中选择"设置"选项,如图103所示。

❷在"设置"界面中选择"反馈与帮助"选项,如图104所示。

❸在该界面中即可点击与自己相关的问题,并获得解决方式。如果没有找到相符的问题,则建议点击"问题分类"这一栏右侧的"更多"选项,如图105所示。在打开的界面中将详细列出各种可能遇到的问题。

❹如果依然无法解决,则可以拨打官方客服电话4001402108进行咨询,如图106所示。

⚠ 图 103

⚠ 图 104

⚠ 图 105

⚠ 图 106

在"巨量学"中全面学习营销知识

为了更系统、更全面地学习营销知识，笔者向各位读者推荐"巨量学"这一平台。该平台中的全部内容均围绕视频与直播的运营展开，大到抖音推荐规则，小到标题应该怎么起，均有详细视频讲解。

进入"巨量学"的方法

❶ 在百度中搜索"巨量学"，点击如图107所示的链接即可进入"巨量学"。

❷ 点击界面右上角的"登录"选项，如图108所示。

❸ 点击"用户登录"选项，然后输入电话号码，并在获得验证码后输入即可，如图109所示。

❹ 登录后即可点击平台中的视频进行学习。

⚠ 图 107

> 🔍 输入你想搜索的内容　　　　　　　登录

⚠ 图 108

当前页面需要登录方可访问

选择登录方式

> 用户登录

> 头条员工登录

> **我要投广告**

⚠ 图 109

海量免费教学内容

登录之后即可点击"巨量学"平台内的任意视频进行学习。在平台中，可以按照自己所处的阶段有选择地加以学习，如图110所示。

图 110

△ 图 110

在各个阶段中都包含了不同方面的视频内容，并且每个方面的内容量都十分庞大，读者可以选择学习自己感兴趣的且目前迫切需要的内容，如图111所示。

当然，也可以直接找到感兴趣的领域，如短视频创作，从而系统地学习与短视频创作相关的内容。

另外，通过点击界面最上方的不同大类，同样可以找到海量的内容。而且据笔者观察，这些内容绝大多数都是免费的，大大降低了学习成本。

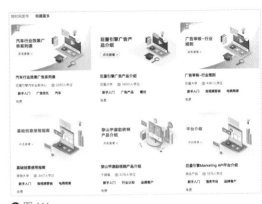

△ 图 111

第6章

玩转抖音付费流量

认识抖音付费流量——DOU+

什么是DOU+？

前面已经提到，像抖音或者快手这样的平台都有一个"流量池"的概念。以抖音为例，最小的流量池为300次播放，当这300次播放的完播率、点赞数和评论数达到要求后，才会将该视频放入3000次播放的流量池。

于是就有可能出现这样的情况，自己认为做得还不错的视频，播放量却始终上不去，抖音也不会再给这个视频提供流量。此时就可以花钱买流量，让更多的人看到自己的视频，这项花钱买流量的服务就是DOU+。

DOU+的五大功能

使用DOU+进行内容测试

有时花费了大量人力、物力制作的视频，发布后却只有几百的播放量。这时肯定会充满疑问，不清楚是因为视频内容不被接受，还是因为播放量不够，导致评论、点赞太少，甚至会怀疑自己的账号被限流了。此时就可以通过投放DOU+，花钱购买稳定的流量，并通过点赞、关注的转化率来测试内容是否满足观众的口味。

如果转化率很低，也就是在播放量上去后，点赞、评论的人仍然很少，那么就需要考虑自己内容的问题了。反之，则可以确定内容方向没有问题，全心投入去制作更精彩的内容即可。

另外，使用DOU+进行内容测试还有一个小技巧。当有一个新的想法，希望在市场上得到一些反馈时，就可以建立一个小号。先制作一个稍微粗糙一些的视频并发布到小号上，然后为其投50元的DOU+。如果市场反馈还不错，再对该视频进行精细化制作，并投放到大号上。

一旦这个视频有要火的迹象，再加上之前已经进行了测试，这时再投DOU+就可以大胆一些，一百元、一百元地进行投入，将这条视频做起来。比如图1所示的过百万点赞的短视频，大概率是经过DOU+付费流量进行"加热"后才能实现这种量级。

▲ 图 1 有些视频在投放 DOU+ 后，播放量会得到爆炸式增长

使用DOU+解除限流

首先强调一下，并不是被限流的账号使用DOU+后就一定能解除限流，而且官方也没有明确说明DOU+有这项功能。

但确实有一些账号，明明已经被限流了，可在投DOU+后居然还能出爆款视频。所以虽然不能百分之百保证投DOU+有解除限流的功能，但如果遇到被限流的情况，可以尝试投一投DOU+，也许会有奇效。

使用DOU+进行选品测试

使用DOU+进行选品测试的思路与进行内容测试的思路相似，都是通过稳定的播放量来获取观众的反馈。

而内容测试与选品测试的区别则在于关注的"反馈"不同。内容测试关注的是点赞、评论、关注数量的"反馈"，而选品测试关注的则是收益的"反馈"。

比如为一条带货视频投了100元DOU+，所得佣金是否能把这100元赚回来？一般来讲，投100元DOU+，佣金收益如果能达到120元，那么这条带货视频就值得继续投下去。而无论这条视频的点赞和关注是多少，能不能火爆全网，这些都无所谓，只看它能为自己带来多少收益。

值得一提的是，在进行选品测试时还要注意测试一下热门评论。首先带货短视频的前几条热门评论基本上都是自己做的，因此在投DOU+时，还要注意你的评论是否被很多人点赞和讨论，如图2所示。毕竟在决定是否购买时，很多人会习惯性地点开评论看一下。对产品的正面评价对于提高转化率非常有帮助。

如果还不知道从哪些商品中进行挑选，可以使用飞瓜、抖查查、卡思数据等网站，查看目前短视频平台上热销的商品，从中进行选择即可，如图3所示。

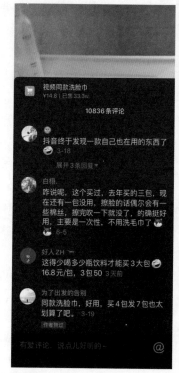

⚠ 图2

排名	商品	价格(元)	抖音人气值	访客数增量	访客数	销量增量	销量	操作
🥇	大萌萌微胖定制 黑色高腰... 近30天上榜3次	22.50	6.3万	1.9万	19.4万	444	1,724	
🥈	豆豆 尔木萄眼影盘套盒小... 近30天上榜2次	82.00	5.8万	1.8万	10.2万	1,059	3,381	
🥉	MRGK纯银项链女潮锁骨... 近30天上榜2次	299.00	5.6万	1.7万	4.8万	91	329	
4	78–128元【新品88折 6月... 近30天上榜5次	78.00	4.7万	22.1万	89.5万	2,057	7,038	
5	【工厂发货】老爸评测香... 近30天上榜2次	99.00	4.3万	4.9万	13.4万	3,759	9,266	

⚠ 图3

助力直播带货

如果在直播带货时，你的带货视频被观众看到了，那么点击头像就可以直接进入直播间，如图4所示。这对于提高销量和积累粉丝都大有裨益。

因此，一旦经过测试后市场反馈不错，那么就立刻开直播，如图5所示。并且不间断地投放DOU+，从而让更多的人看到视频，进而点击头像进入直播间。直播间的人越多，货卖得就越快。因为直播演示与一个视频能够给观众带去的宣传效果是截然不同的。一个火爆的直播间可能会瞬间成交几千单甚至上万单，而DOU+就起到了为直播间引流的作用。

▲ 图4

▲ 图5

带货氪金

DOU+的这个功能就好比玩游戏时的人民币玩家，花重金让自己在游戏中变得非常厉害。而在DOU+中花重金则可以让视频传遍整个短视频平台，并在短时间内获得巨额利润。

比如在经过前期测试后，发现一个产品的投资回报率还不错，那么就可以在一天中按照一定的频率不间断地投放DOU+，可能对单一视频的DOU+投放金额会达到几十万。

通过DOU+带来的稳定播放，并通过高流量进入播放次数更高的流量池，从而实现产品在整个平台迅速蔓延，快速得到高额的收益。

当然，这种玩法需要实时监控商品变现情况。一旦发现DOU+投放的金额与收益基本持平，则要果断终止投放。

如图6所示的账号单独做一款纸巾的带货视频，当发现其中一个视频的点赞和播放量还不错时果断开始投放，从而获得了可观的收益。

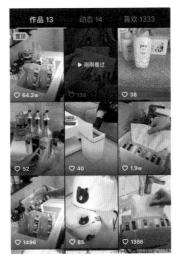

▲ 图6

在抖音中找到DOU+

在开始投放之前，首先要找到DOU+，并了解其基本投放模式。

找到DOU+投放入口

❶ 在观看视频时，点击界面右侧的图标，如图7所示。

❷ 在打开的菜单中点击图标，即可进入DOU+投放页面，如图8所示。

❸ DOU+的收费是完全按照增加的流量来计算的。100元可以增加5000左右的播放量。

△ 图7

△ 图8

DOU+的两种投放模式

目前DOU+提供两大类投放方式，分别为单视频投放和批量投放。顾名思义，单视频投放与批量投放的唯一区别在于前者只能对当前观看的视频进行DOU+投放，而批量投放可以同时对最多5个视频进行DOU+投放。除此之外，其他选项几乎完全相同。

因此，单视频DOU+投放的针对性明显更强，而批量DOU+投放的优势则在于当不知道哪个视频更有潜力时，可以通过较低金额的DOU+投放进行检验。

批量投放与单视频DOU+投放选项在DOU+投放页面的最上方，如图9所示。

△ 图9

DOU+投放详细设置

"投放目标"选项设置思路

在确定DOU+投放模式后，接下来需要进行各项参数的详细设置。首先要考虑的，就是"投放目标"和"投放时长"。

首先需要明确的是，对于不同的视频内容，在"投放目标"选项中提供的选择是不同的。

比如一个短视频中包含"购物车"，那么在"投放目标"选项中就会出现"智能优化"；如果一个短视频中没有购物车，但是有"位置"信息，那么"投放目标"选项中就没有"智能优化"，而是会出现"位置点击"，如图10所示。当选择某一选项后，抖音就会将视频推送给大概率可以增加相关指标的观众。

比如选择"位置点击"选项后，系统会将视频推送给链接位置附近的用户，以增加其点击位置链接，查看商户详细信息的概率；当选择"主页浏览量"选项后，则会推送给喜欢在主页中选择不同视频浏览的人群；当选择"点赞评论量"选项后，系统会将视频推送给那些会经常点赞或者评论的观众等。

如果想让自己的视频被更多人看到，比如制作的是带货视频，建议选择"点赞评论量"选项。这时有些朋友可能会有疑问，投DOU+的播放量不是根据花钱多少决定的吗？为何还与选择哪一种"投放目标"有关？

不要忘记，在花钱买流量的同时，如果这条视频的点赞和评论数量够多，系统则会将该视频放入播放次数更多的流量池中。

比如投了100元DOU+，增加5000次播放，在这5000次播放中如果获得了几百次点赞或者几十条评论，那么系统就很有可能将这条视频放入下一级流量池，从而让播放量进一步增长。

而且对于带货类短视频，关键在于让更多的人看到，提高成交单数。至于看过视频的人会不会成为你的粉丝，其实并不重要，如图11所示。

而如果你是一个专注做内容的公众号，希望通过优质的内容吸引更多的粉丝，然后再通过植入广告进行变现，那么就建议选择"粉丝量"选项，从而逐步建立起账号变现的资本。

如果已经积累了很多优质的内容，并且运营初期优质内容没有体现其应有的价值，就可以选择提高"主页浏览量"，让观众有机会发现该账号以前发布的优质内容。

"投放时长"选项设置思路

投放时长主要根据视频的时效性和投放的时间点来确定。比如一条新闻类的视频，那么自然要在短时间内大面积推送，这样才能获得最佳的推广效果。

而如果所做的视频主要面向的是上班族，而他们刷抖音的时间集中在下午5~7点这段在公交或者地铁上的时间，或者是晚上9点以后这段睡前时间，那么就要考虑所设置的投放时长能否覆盖这些高流量时间段。"投放时长"设置界面如图12所示。

▲ 图10

▲ 图11

▲ 图12

"潜在兴趣用户"选项设置思路

"潜在兴趣用户"选项中包含两种模式，分别为系统智能推荐和自定义定向推荐。

系统智能推荐

若选择"系统智能推荐"选项，其效果与选择"速推版"完全相同，所以此处不再赘述，比较适合那些覆盖范围非常广的视频。

自定义定向推荐

在该选项中，可以详细设置视频推送的目标人群，对于绝大多数有明确目标受众的视频来说，建议选择此种推送模式。其中包含对性别、年龄、地域、兴趣标签和达人相似粉丝共5种细分设置，基本可以满足精确推送视频的需求。

以美妆类带货视频为例，如果希望通过DOU+进行更精准的投放，可以将"性别"设置为"女"；"年龄"设置为18～30岁（可多选）；"地域"设置为"全国"；"兴趣标签"设置为"美妆""娱乐""服饰"等；"达人相似粉丝"可以选择美妆领域的头部账号，如"陶鹿鹿""起司姨太"等，从而让视频出现在目标账号粉丝的推荐页面。

需要注意的是，增加限制条件后，流量的购买价格也会上升。比如所有选项均为"不限"，则100元可以获得5000次播放量，如图13所示；而在限制"性别"和"年龄"后，100元只能获得4000次左右播放量，如图14所示；当对"兴趣标签"进行限制后，100元就只能获得2500次播放量，如图15所示。

所以，为了获得最高性价比，一般来讲，只需限制"性别"和"年龄"即可。但针对具体视频还应具体分析，读者可选择不同模式分别投100元，然后计算一下不同方式的回报率，即可确定最优设置。

DOU+投放金额

在界面的最下方可以选择DOU+投放金额。也可以选择"自定义"选项，输入100～200000之间的任意金额。

这里介绍一个DOU+投放金额的小技巧。比如要为一个视频投300元的DOU+，不要一次性投入300元，而是分3次，每次投100元，这样可以使视频的推广效果最大化。

图13

图14

图15

DOU+小店投放指南

DOU+小店是DOU+投放的第三种形态。在上文已经介绍过，只有个体工商户或者企业账号才能够开通小店。开通小店后，就可以为自己发布的带有商品链接的视频投"DOU+小店"，如图16所示。

▲ 图 16

DOU+小店的优化目标

在"小店随心推"（DOU+小店）页面中，与上文介绍的"DOU+"投放界面主要的区别在于"投放目标"选项改为"优化目标"选项，并且在该选项中增加了"商品购买"选项，如图17所示。

选择该选项后，系统会将该视频向更可能产生购买的观众推送。并在选择"商品购买"优化目标后，界面下方会相应地变更为预计产生购买的数量，如图18所示。

▲ 图 17

需要注意的是，虽然优化目标选择"商品购买"选项可以增加成交量，实打实地增加收益。但如果视频的播放量较低，证明宣传效果较差，所以建议"商品购买"和"点赞评论"混合投放，从而在促进成交的同时，进一步增加宣传效果。

▲ 图 18

达人相似粉丝推荐

在上文已经介绍过的非企业号DOU+和企业号DOU+投放指南中，"达人详细分析推荐"选项是被包含在"自定义定向推荐"内的。而在DOU+小店投放界面中，"达人相似粉丝推荐"是一个单独的"潜在兴趣用户"选项，因此无法实现对达人相似粉丝进行详细定位投放。

在选择"达人相似粉丝推荐"选项后，即可点击下方的"加号"，选择与个人账号题材相同，定位相似的头部大号，从而精确找到产品的受众。

需要注意的是，当将"优化目标"设置为"粉丝提升"或者"点赞评论"时，"达人相似粉丝推荐"的流量价格会相对较高。比如同样是100元，选择"系统智能推荐"可获得的播放量为5000+，而选择"达人相似粉丝推荐"则降低为2500+，如图19所示。

因此，要在投放后，根据播放量增加效果来判断如何设置可以获得更高的性价比。

▲ 图 19 "达人相似粉丝推荐"在增加播放量时的价格较高

"投放目标"与视频内容的关系

在投放DOU+时，很多人会发现，不同的视频，其"投放目标"中的选项会有些区别。那么期望提升选项与视频内容有何关系？不同的"投放目标"选项又有何作用，下面将进行详细讲解。

常规的"投放目标"选项

在对任何视频投DOU+时，点击"投放目标"，都会有"主页浏览量""点赞评论量"和"粉丝量"3个选项。所以，这3个选项也被称为"投放目标"中的常规选项。

提高播放量选"点赞评论量"

如果想提高视频的播放量，让更多的观众看到这条短视频，那么投"点赞评论量"是最有用的。因为当点赞和评论数量提高后，视频很有可能进入到一个更大的流量池，从而让播放量进一步提高。

提高关注选"粉丝量"

在选择"粉丝量"后，系统会将视频推送给喜欢关注账号的观众，从而让视频创作者建立起粉丝群体，为将来的变现做好准备。

提高其他视频播放量选"主页浏览量"

如果已经发布了很多视频，并且绝大多数的浏览量都比较一般。此时就可以为爆款短视频投放"主页浏览量"DOU+，让更多的观众进入到主页中，从而有机会看到账号中的其他视频，全面带动视频播放量。

"挂车"短视频与"商品购买"

所谓"挂车"短视频，其实是指包含"购物车链接"的短视频。只有在对此类短视频投放DOU+时，点击"投放目标"才会出现"商品购买"选项，如图20所示。

"挂车"短视频的考核维度与常规短视频不同常规短视频只看点赞和评论量来确定是否可以进入下一个流量池，而"挂车"短视频还要看购物车的点击次数。因此，提高"商品购买"也意味着可以提高视频中购物车链接的点击次数，从而间接提升视频进入下一个流量池的概率。

需要强调的是，在为"挂车"短视频投DOU+时，会进入"小店随心推"页面，这与上文介绍的，点击"DOU+小店"进入的是同一个页面。因此，即便没有开通"小店"，只要开通橱窗，并且在视频中加上"购物车"，也可以进行商品推广。

● 图20 对于"挂车"短视频，可以在投DOU+时选择"商品购买"选项

POI与"门店加热"

POI是Point Of Interest的缩写，翻译成中文即"兴趣点"的意思。在几乎所有探店类短视频的左下角，都会看到的门店名称，其实就是添加的POI，如图21所示。点击之后，还能看到包括地址在内的该门店的详细信息，从而高效、快捷地为门店引流。

在为有POI组件的短视频投放DOU+时，在"投放目标"中就会出现"门店加热"选项。当选择该选项进行投放时，系统会将该视频推送给距门店6千米范围内的观众，从而增加成功引流的概率。

△ 图 21 在对有"POI"组件的短视频投 DOU+ 时可选择"门店加热"选项

逐渐边缘化的"位置点击"

当短视频中加入了"位置信息"时，就可以在"投放目标"中选择"位置点击"选项。

由于"位置信息"只是一个位置，并没有表明一个具体的门店或者旅游景点等，与"门店加热"相比，几乎起不到变现作用，因此是一个被边缘化的选项，如图22所示。

带有小程序的短视频与"小程序互动"

一些短视频的主要目的是为了推广界面左下角添加的小程序，如游戏类短视频，通过介绍游戏让观众产生兴趣，然后直接点击左下角就可以游玩，如图23所示。而视频创作者将通过该视频中小程序被点击的人次进行变现。

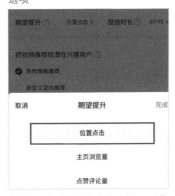

△ 图 22 与"门店加热"相比，"位置点击"的引流效果较差，所以是一个被边缘化的选项

因此，当对该类视频投DOU+时，即可在"投放目标"中选择"小程序互动"选项，增加小程序点击量，提高推广效果，也可以在一定程度上增加游戏类内容创作者的收入，如图24所示。

△ 图 23 游戏短视频加入小程序可以让观众点击即玩

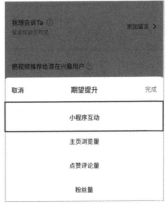

△ 图 24 选择"小程序互动"选项可以增加视频中小程序的点击率

从"巨量创意"中找到投DOU+的数据支撑

很多短视频运营者在初玩DOU+时因为没有经验，不但花了很多冤枉钱，而且错失了短视频变现的更多可能，导致少赚了不少钱。

为了让各位读者投DOU+不靠试，不靠蒙，而是有数据依据、有把握地进行投放，下面介绍从"巨量创意"中获取热门广告数据的方法。在获取相应广告数据后，就可以针对这些数据，进行DOU+定向投放的详细设置。

认识"巨量创意"官方网站

"巨量创意"是抖音官方开发的，汇集了从内容到运营的创意玩法的网站。在这个网站中不仅可以找到各种热门短视频的相关数据，还可以找到创意视频模板、脚本工具、成功运营案例等。

在百度中搜索"巨量创意"，点击如图25所示的链接即可进入"巨量创意"官方网站。点击右上角的"立即登录"，填写相关信息后，即可开始浏览该网站，如图26所示。

▲ 图 25

▲ 图 26

搜索相关领域的广告视频

进入"巨量创意"官网后，选择"创意灵感"下拉菜单单中的"热门广告"选项，如图27所示。在打开的界面中即可搜索与自己所做视频相同领域的热门广告，如图28所示。

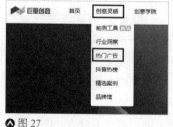

▲ 图 27

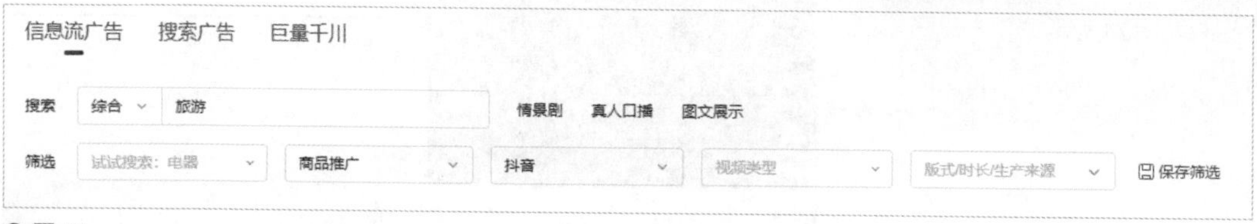

▲ 图 28

点击其中的"筛选"选项,即可选择某一领域的广告。比如在选择"出行旅游"选项后,在下一级菜单中会出现"旅游"领域的细分题材,如景点、酒店住宿等,如图29所示。

此时,要根据自己视频推广的内容来选择具体的细分题材。比如视频中的POI信息是某一景点,那么在次级菜单中就可以选择"景点"选项。以此来查看那些推广景点很成功的视频的数据。

然后在"搜索栏"中搜索自己的视频所要推广的景点,找到相似性非常高的视频进行数据分析。

◆ 图29

查看并分析热门广告的推广数据

在对相关领域广告视频进行搜索后,可以根据视频缩略图右下角的"等级"确定其推广效果优劣,其中A+代表推广效果最优。

点击该视频后,向下滑动打开的页面,找到"二级行业受众分析"数据。通过该数据,即可分析出该视频产品的主要受众。

比如笔者做了一个旅游景点游玩的短视频,并且附上了该旅游景点的位置信息,希望通过该链接的点击来提高变现收入。因此,需要选择"点击广告人群分布"选项,通过查看该方面的数据来确定DOU+投放设置。

从图30中可以看出,点击广告的大部分为男性,占据了66%,而且年龄高度集中在24岁至40岁,以及点击排在前十的地区。那么笔者就可以根据这些数据,在"自定义定向推荐"中,将"性别"设置为"不限"或者是"男",将"年龄"设置为24～40岁,"地域"设置为前十的区域即可,从而实现DOU+的高效投放。

但如果笔者所做的短视频是为了提高旅游景点的购票收入,并以此收取佣金那么就要注重"转化"。所以需要点击"转化人群分布"选项,并根据该数据进行DOU+投放,如图31所示。

值得一提的是,"点击广告人群分布"与"转化人群分布"数据具有较大差异,其中"转化人群分布"更为集中,比如女性比例达到了71%,31～40岁的人群达到了50%,这都有利于我们更有针对性地投放DOU+。

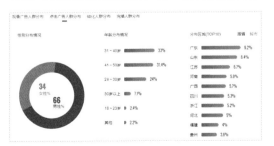
◆ 图30

◆ 图31

DOU+带货全流程经验分享

DOU+带货是目前非常火爆的短视频玩法。只要产品足够吸引人，短视频内容能够快速、清晰地展现产品的优势，再通过DOU+的流量保证，就很有可能打造出一个爆款产品，从而获得高额利润。下面将从选品、内容制作和DOU+投放3个方面，全流程讲解DOU+带货的操作要领。

选品是DOU+带货的基础

只有真正好用且符合短视频带货大环境的产品，才会在短时间内迅速大卖，甚至部分产品会在很长一段时间内持续增长。那么如何挑选到好用的产品呢？什么样的产品才属于符合短视频带货大环境的？下面总结了DOU+带货选品的几条经验。

产品新颖且在天猫平台已有销量基础

"产品新颖"主要是为了能够第一时间吸引观众的注意，让观众有兴趣进一步了解这款产品的作用。

之所以需要在天猫平台具有一定的销量基础，是因为此点证明了这款新颖的产品是可以被客户接受的，是有一定市场空间的，所以值得去大面积推广。比如图32所示的"李子柒桂花坚果藕粉"，在某宝月成交12万笔，就证明其是被市场检验过的、受人们欢迎的产品。

受众面广

受众面越广，这款产品能够被卖出去的概率就越高。而且对于DOU+带货来说，因为视频的播放量是有保证的，所以，如果这款产品几乎所有人都能用，就可以最大化地利用DOU+带来的流量优势进行卖货。如图33所示的"纸巾"就属于此类产品。

卖点突出

这款产品一定要具有鲜明的核心卖点，这个核心卖点要足够有特色，才能够让消费者最终做出购买行为。如果大家觉得其他产品也有这个特点，那么就没有购买"这款"商品的必要性了。如图34所示的集充电宝、化妆镜、暖宝宝于一身的产品，正是由于其特点鲜明，市场上没有同类产品，所以成了爆款货品。

△ 图32

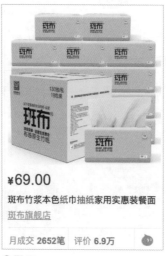

△ 图33

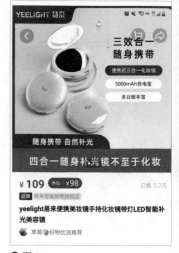

△ 图34

单价要低

既然是通过DOU+带货，那么一定是要"走量"的产品。也就是不求卖出去一个挣多少佣金，而是希望卖出去几万单、几十万单。目前的抖音或者快手短视频带货的大环境也表明，单价低的产品更好卖，更容易大卖。

因为想让观众在看过几十秒甚至只有十几秒的视频后就购买，往往属于冲动性消费，所以价格一定要低，才能让这种冲动性持续到完成付款。

这里建议美食产品不超过25元；美妆产品不超过50元；家居产品不超过20元；养生产品不超过40元，如图35~图37所示。

3个超软美妆蛋 葫芦海绵粉扑
￥10.90

访客数: 23.9万　　　　销量: 20.4万

⚠ 图35

年五季黑麦全麦面包整箱…
29.90

⚠ 图36

直 垃圾袋3.8
￥5.80

访客数: 29.2万　　　　销量: 104.4万

⚠ 图37

高佣金产品

之所以制作带货视频，就是为了赚取佣金，所以佣金越高越好。但这仅限于满足以上4点的产品进行对比，毕竟佣金再高，产品卖不出去，依然没有收益。

之所以将这一点放到最后，是因为它属于"锦上添花"。因为需要重复性购买的产品可以让DOU+带货视频带来持续收益。笔者了解到，一些产品甚至在推广之后的几个月中仍然具有不错的销量，证明有很多回头客在进行购买。比如图38所示的护肤品，如果效果好，观众可能今后都会选择使用这款产品，甚至会对同品牌的其他产品感兴趣。

⚠ 图38

制作DOU+带货视频的四大法则

DOU+带货视频推广给各位观众后，能否最终转化为购买，还要看内容是否直击痛点。DOU+带货视频不需要精彩的情节和夸张的特效，只需要在短时间内，通过一个场景将产品的特点介绍清楚即可。

笔者总结了DOU+带货视频制作时要遵循的五大法则。

蹭热点法则

如果带货视频的内容可以与近期热点挂钩，那么一定不要错过这个点。比如制作洗护类用品的带货短视频，而过几天正好是父亲节，此时就要让该产品与父亲节产生关联，利用节日热点增加宣传效果和销量，如图39所示。

场景带入法则

如果只是拿着产品向观众介绍它有多好用，那么宣传效果一定不理想，因为这种说教式的视频十分枯燥、单调，也不容易让观众对商品产生认同感。最好是营造一个使用场景，然后在这个场景下去表现该产品的作用。

比如在介绍婴儿干湿纸巾这款产品时，就可以营造一个孩子脸部长湿疹的使用场景，然后教给观众如何简单地加工一下这个纸巾，就可以起到去除宝宝湿疹的作用，从而更好地突出这款产品的特点，还延展出了其他作用，如图40所示。

黄金3秒法则

所谓黄金3秒法则，是指在视频开始的3秒钟内就要抓住观众的注意力。比如在带货视频的开头经常听到这样的语言"一个冰棍钱都能买到""上海人都在用/城里人都在用""家里有卫生间可以买一个"等，都是为了让观众对产品产生兴趣。而如图41所示的三只松鼠带货视频则直接将促销信息放在视频的第一个画面，也是为了第一时间吸引观众的注意力。当然，只有开通了企业号的账号才可以直接介绍促销信息。

△ 图39

△ 图40

△ 图41

卖点夸张

"卖点夸张"不等于夸大宣传、虚假宣传，而是在一种最适合的环境下，或者是与其他产品一同使用后，实现了更好的效果。

当然也可以通过演员的表演对产品的卖点进行一定程度的夸张，从而激发观众的购买欲。

比如销量榜第一的这款美妆蛋产品，其中效果最好的一款带货视频就是利用其为手部上妆后，手变得更白嫩了，如图42所示。

但回过头仔细想想，手变得更白嫩了，虽然与美妆蛋的质量有一定关系，可是起主要作用的其实是通过美妆蛋涂抹到手上的化妆品。但观众在观看视频时则有可能会忽视这一点，从而利用"更白的手"这一夸张效果，吸引观众下单购买。

▲ 图 42

大量视频同时发布

既然是月佣金达千万的DOU+带货流程分享，那么自然是由一个团队在运营。如果想打造一个带来超高利润的爆款产品，视频的数量也需要一定的保证。

其实通过上文的介绍，就会发现大多数DOU+带货视频的质量都不高。就像笔者所说的，没有什么特效，也没有什么剧情，基本上就是简单的使用演示。

因此，如果可以在短时间内制作出大量视频，比如一天制作十几个、几十个视频，然后同时发布到平台上，就可以得到更多的反馈信息。再从中选择效果最优、反馈最好的带货视频来投DOU+，从而将收益最大化。而其他视频也可以用来为该带货视频进行预热。

DOU+投放要有策略

前两点做好后，基本上都会获得一定的收益，如果想达到月佣金千万的目的仍然不够，还需要做好整个流程的最后一步，也是从量变到质变的这一步——DOU+投放策略。

DOU+核心投放技巧

如果打算投10000元DOU+，那么千万不要一次性投入，而是要将其分成100个100元进行投放，从而将推广效果最大化，而这也是DOU+投放的核心技巧。

DOU+投放策略

对于一条视频，不要着急通过某一种方式去投放DOU+，而是要先做测试。测试方法通常会以下面列出的3种方式进行。

❶100元用于智能投放12小时。

❷100元用于限定性别和年龄投放12小时。

❸100元用于限定性别、年龄和标签投放12小时。

然后计算不同DOU+投放方式的收益，并选择收益最高的那种方式进行推广。

资本是实现月佣金千万的关键

掌握方法后，资本也是关键。通过测试确定投DOU+可以带来足够高的收益后，就需要敢于投资。因为今天投入20万，下个月可能就会为你净赚20万。但一定不要忘了大量投资的前提条件，即前期的测试结果表明这条视频确实会带来客观的收益。

视频无法投DOU+的8个原因

很多朋友会遇到投放DOU+的视频无法通过审核的情况。虽然官方会给出视频没有通过审核的原因，但这个原因往往模糊不清，导致很多用户不知道自己的视频不能投DOU+的原因究竟在哪里，也不知道从哪些方面进行修改，如图43所示。

笔者根据自身几千次DOU+投放经验，总结出了以下8种可能会导致审核不通过的情况。

▲ 图43

视频质量差

视频内容不完整、画面模糊、破坏景物正常比例、3秒及3秒以下的视频、观看后让人感到极度不适的视频，这些都是"质量差的视频"，也就不会允许投放DOU+。

非原创视频

如果所发布的视频是从其他平台上搬运过来的，非原创的，也不会通过审核。其判定方法通常为：视频中有其他平台水印、视频中的ID与上传者的ID不一致、账号被打上"搬运好"标签、录屏视频等。

视频内容消极

如果视频内容传递了一种非正向的价值观，并且含有软色情、暴力等会引起观众不适的画面，同样不会通过审核。

隐性风险

当视频内容涉嫌欺诈，或者是标题党（标题与视频内容明显不符），以及出现广告、医疗养生、珠宝、保险销售等内容时，将很难通过审核。

广告营销

视频内容中含有明显的品牌定帧、品牌词字幕、品牌水印和口播等，甚至是视频背景中出现的品牌词都以"广告营销"为主，将无法通过审核。

未授权明星/影视/赛事类视频

尤其是一些刚刚上映的影视剧，一旦在非授权的情况下利用这些素材，将大概率无法通过审核。如果具有授权证明，请发送给feedback@douyin.com。

视频购物车商品异常

如果视频中的商品购物车链接无法打开，或者商品的链接名称中包含违规信息，均无法通过审核。

视频标题和描述异常

视频标题和描述不能出现以下信息，否则将无法使用DOU+。

❶联系方式：电话、微信号、QQ号、二维码、微信公众号和地址等。

❷招揽信息：标题招揽、视频口播招揽、视频海报或传单招揽、价格信息和标题产品功效介绍等。

❸曝光商标：品牌定帧、商业字幕和非官方入库商业贴纸等。

第 7 章

带货视频变现技巧

带货短视频的其他变现方式

"带货"短视频的变现方式绝对不仅仅只是卖东西。首先从"货"的角度分析，其种类非常多样，既可以是最常见的实物商品、也可以是某种虚拟商品或者某种服务等。本节将介绍4种不常见的带货视频变现方式，以拓宽读者的创作思路。

通过参与官方活动变现

在通过所带货品进行变现的同时，也要关注一下抖音官方活动。如果正好有自己所处垂直领域的活动，则顺带参加一下，多少可以获得些流量或者现金奖励。对于一些有现金奖励的活动，其实就相当于为带货视频又多了一种变现方式，而且带货变现与活动变现同时进行，互不干扰。

比如图1所示的"暑期大作战"活动，就非常适合制作游戏类带货视频的创作者参加。因为此类创作者的变现方式主要依靠视频附加游戏链接，通过点击该链接游玩游戏的人数进行变现。那么在参加该活动后，原有的变现方式依然存在，同时一旦视频火了，那么就有可能获得"暑期大作战"的活动奖励，相当于多了一份额外收入。

▲ 图1

利用POI引流变现

在上文已经提到，通过POI可以添加实体店的具体位置，点击后还可查看实体店的相关信息，并领取优惠券等。那么此时该带货视频所带"货品"其实就是这个实体店。

通过线上视频，将观众引流到线下，再通过观众在线下店铺中的消费行为进而产生变现。当然，这种变现方式需要短视频中推广的店铺是内容创作者所有。

如果内容创作者是为了其他人推广店铺，那么店铺老板势必会付给内容创作者推广费。这种情况下，这个"推广费"或者"广告费"其实就是该视频的变现所得。

这种POI引流变现方式多出现在探店类视频中。比如图2所示就是一个典型的探店类视频，该视频的变现就不是传统意义上的卖出去了多少"货"，而是饭店老板看中该账号的流量和受众，认为其可以起到引流到店的作用，所以付费请内容创作者录制视频做宣传，相当于视频创作者间接通过引流变现来获取收益。

▲ 图2

通过承接广告变现——星图平台

星图平台是抖音官方的视频达人接广告及商家找达人做广告的平台。所以在该平台接广告有两种形式，一种是商家找达人，另一种是商家发布任务，达人接单，然后按照广告效果进行结算。

但入驻星图平台的门槛较高，要求粉丝数达到10万以上。入驻后，还需要对视频制作费用进行设置。视频费用分为3档，分别为1~20秒视频、21~60秒视频和60秒以上视频，如图3所示。设置完成后，即可等待商家与自己联系，沟通视频内容的相关细节。

需要注意的是，会有一些中介机构专门帮商家寻找合适的达人来制作视频。所以中介会收取一定的费用，而这部分费用绝大多数是由视频创作者来承担，一般为广告费的5%左右，再加上平台抽成30%，所以最终创作者的收益在65%左右。

¥9,150			⊕添加
抖音传播任务			
1-20s视频			
¥9,150			+
21-60s视频			
¥13,200			+
60s以上视频			
¥15,000			+

⊙图3

通过代运营账号变现

当成功运营一个账号后，如果自己总结出了一套可以批量复制的模式，就可以尝试通过"代运营账号"进行变现。那么此时视频所带的"货"，其实就是"代运营"这种"服务"。而为了能够将这种服务推广给更多人，也为了让观众相信内容创作者有能力成功运营一个账号，此类视频通常为运营知识的分享或者教学视频。当观众通过视频内容认为确实有真材实料，在自己没有精力和人员去运营账号时，可能就会选择付费进行账号运营，从而实现视频变现。

比如图4所示的抖音号"丁墨短视频运营"，其所有的视频中都没有任何商品链接或者是商家POI、小程序等，而且内容均与运营知识有关，那他是靠什么变现的呢？难道真的是"无私"的分享？

⊙图4

其实在他的主页介绍中明确写到，"孵化博主—项目变现—流量矩阵—实体赋能"，并且擅长"七天从0起号到破10万粉丝"，如图5所示，其实就是在强调自己可以帮助他人运营账号，也就是所谓的"代运营"。而所发布的这些视频就是为了通过展示其对运营的了解，进而赢得观众的信任，从而出售自己的运营服务，间接实现短视频变现。

哈喽‼我叫丁墨
跑过70个账号，操盘12个项目
战绩：已经帮助12000人月入过万
擅长：七天从0起号到破10万粉丝
⚡孵化博主—项目变现—流量矩阵—实体赋能
❤征集各种互联网搬砖项目（欢迎投稿合作）
⚡未来all in 短视频+电商项目，聚集10000位牛人，一起干一番事业，如果你有梦，不妨聊一下？
找我官方合作

⊙图5

增强短视频带货能力的3个方法

前面曾经讲过，视频带货的一个核心就是要用视频增加粉丝对于所宣传商品的信任感，因此如何强化信任是视频拍摄的核心关注要点。

从目前来看，有3种形式能够让视频中的商品被绝大多数粉丝认可和信任。

名人背书

第一种形式是名人背书，比如在销售某商品时，可以说娱乐圈的某某某、主持圈的某某某或者体育圈的某某某，他们都使用了这样一款产品，而且还可以通过混剪的方式，在视频中展示他们的使用情况，甚至利用这些名人亲自拍的视频当作花絮去宣传这类产品，无疑能够让普通大众快速对这个产品产生信任感。

一个比较典型的例子就是加拿大的大鹅牌羽绒服，这个羽绒服不仅马云在穿、普京在穿，很多好莱坞的明星也在穿，它的价格非常贵，然而许多普通消费者也对它趋之若鹜，这是名人背书的一个典型案例。

公正测评

第二种形式是公正测评，也就是将一个产品放在一个类似于实验室的环境下，通过分析其各个性能参数横向对比，展示该产品的不凡之处，从而用扎实的实验结果取得粉丝的认可。如今在抖音上已经有非常多测评号采取了这种方法带货，效果非常好。

比如，可以关注一下有将近1500万粉丝的头部大号"老爸评测"，如图6所示。

真实自拍

第三种形式是真实自拍，即整个带货视频在一个非常不经意的、看似非常普通的环境下拍摄，而正是这种看起来就像是随手拍摄的视频，反而能够获得公众的信任。

因为观众认为这不是一个刻意的摆拍，而是一个真实环境下的自拍，所以更容易获得粉丝的信任，如图7所示。

但这并不意味着此类视频完全不需要用心去雕琢和打磨，其实恰恰相反，这类视频看似随意，却需要视频拍摄者花费一定的心思和技巧。因为，如果按照平常的方法拍摄，这样的视频容易被拍成流水账，很难吸引粉丝的注意力。

▲ 图6

▲ 图7

数据网站对带货视频制作及选品的意义

目前，网络上有很多专门提供抖音或者快手等短视频平台的相关数据的网站，如飞瓜、抖查查、卡思数据等。从这些网站可以查询到点赞数量最多、带货能力最强的视频，还能得知目前市场上哪些产品在短视频平台上的销售最为火爆。

因此，作为体量较小的账号，可以学习优质带货视频的内容制作方式，并选择最火爆、最好卖的产品进行销售。

下面就以卡思数据为例，介绍在不办理会员的情况下，如何获得有用的数据，并通过分析这些数据来实现自身的成长。

获得数据的方式

❶ 在百度中搜索"卡思数据"，点击链接后即可进入网站，如图8所示。

❷ 点击希望获取数据的短视频平台，如图9所示。

❸ 在界面左侧的列表中选择"电商带货"选项，在下拉列表框中选择"带货视频榜"选项，即可获得最火爆的带货视频的数据，如图10所示。

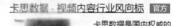

△ 图 8

△ 图 9

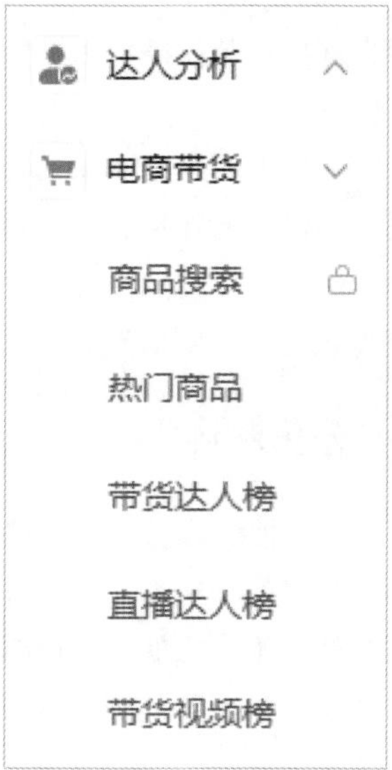

△ 图 10

进入到"带货视频榜"界面后，可看到包括视频点赞量、访客数增量、访客数、销量增量和销量共5个数据，如图11所示。下面分别介绍每个数据的含义。

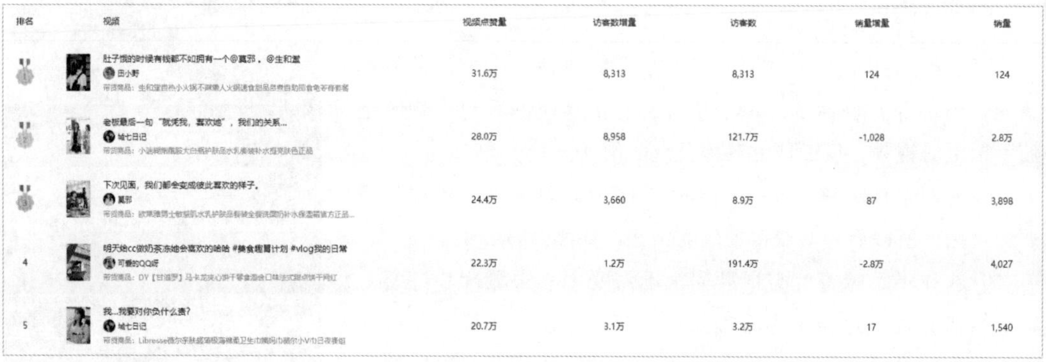

排名	视频	视频点赞量	访客数增量	访客数	销量增量	销量
1	肚子饿的时候有种能都不如陪有一个@真邪，@生和盐 @田小野 带货商品：生和盐百内小火锅不辣懒人火锅速食懒煮粉即食粉食客不等粉客	31.6万	8,313	8,313	124	124
2	老婆最后一句"就宠我，喜欢她"，我们的关系… @城七日记 带货商品：小逃妇物面脱大白酮护肤品水乳美妆补水宽褪色百姓	28.0万	8,958	121.7万	-1,028	2.8万
3	下次见面，我们都会变成彼此喜欢的样子。 @囊邪 带货商品：玻璃瓶男士敏感肌水乳护肤品套装全脸保湿修护补水保湿霜官方正品…	24.4万	3,660	8.9万	87	3,898
4	明天给cc做防冻冻会喜欢的地道 #美食觅餐计划 #vlog的日常 @可爱QQ呀 带货商品：DY【甘福罗】马卡龙点心步干蒙古奶油口味进切饼干甲糖	22.3万	1.2万	191.4万	-2.8万	4,027
5	我…我要对你负什么责？ @城七日记 带货商品：Librease微尔肤品湿湿海绵精美卫生巾棉布巾棉钞小V心日夜使假	20.7万	3.1万	3.2万	17	1,540

△ 图 11

视频点赞量的含义及作用

视频点赞量是评判一个短视频是否被观众喜欢的最直观的数据。而"带货视频榜"也是以点赞量为依据来评出各个带货视频的名次，如图12所示。

所以，如果想了解什么样的带货视频更受观众喜爱，或者希望找到自己制作的视频之所以没人观看的原因，那么多看一看榜单中高点赞量的视频并总结经验，对于提升视频制作水平很有帮助。

◢ 图 12

访客数、访客数增量的含义及作用

访客数是指点击该视频所推产品的购物车链接总次数；访客数增量则是指近30天与上一个30天相比，点击视频内购物车链接次数的差值，如图13所示。

"访客数"这个参数要与"点赞量"同时进行分析。如果访客数与点赞量的比值较大，则证明商品对观众的吸引力较强；如果这个比值较小时，则代表商品没有什么吸引力。

因此，有些视频点赞量很高，但访客数和访客数增量相对较低，则代表视频虽然精彩，但商品并不吸引观众。

而有些视频的点赞量虽然不高，但访客数与点赞量的比值较高，则证明商品很吸引人，如果能将视频做得更精彩一些，也许就是下一个爆款。

排名	视频	视频点赞量	访客数增量	访客数
	肚子饿的时候有钱都不如拥有一个@莫邪. @生和堂 田小野 带货商品：生和堂自热小火锅不辣懒人火锅速食甜品自煮自助即食龟苓膏套餐	31.6万	8,313	8,313

◢ 图 13

销量、销量增量的含义及作用

销量是指自该商品在平台开始售卖后，其销售量的总和；而销量增量则是指该商品最近30天与上一个30天的售卖量的差值，如图14所示。

所以会看到一些商品的"销量增量"是"负数"，证明该商品这30天比上一个30天的销售量更低了，从而得出该商品的热度正在下降的结论。

如果销量增量是正数，并且总的销量与其他产品相比更高，那么证明该商品的热度仍在持续，可以考虑制作短视频售卖该商品。

如果销量增量与销量的数值相同，则证明该商品刚刚开始售卖。这种情况下，如果销量达到近万件则代表该商品比较具有市场潜力。

销量增量	销量
2,243	2,243
-253	20.2万
215	1.6万

◢ 图 14

带货账号不能只做带货视频

可以说，只要想通过抖音账号来变现，多少都会同"带货"有点关系。因为通过流量去"卖货"，是最直接、最普遍的变现方式，而"带货"的收益，最终还是要看账号的流量能做到多少。除个别情况，流量高的账号，其带货收益一般要比流量低的账号高。

所以，想要在抖音带货赚钱，关键还是看账号流量能不能做上去。只要流量上去了，带货赚钱其实就是顺理成章的事。而一些内容创作者，在没有搞清提高流量与带货优先级的情况下，由于每个视频都在带货，但又有谁会去看一个新号的推销呢？

只为带货容易引起观众反感

即便商品在视频中的植入多么自然，大部分观众，尤其是年轻观众都会意识到这是在做广告。哪怕这个视频不是专门为这个商品而设计的，只是正好在情节中，或者是制作过程中确实需要这样一个"道具"，也会多少引起观众的怀疑。

这种情况下，如果每个视频都植入商品，即便视频质量再高，也会让观众认为这是一个营销号。而当一切内容都以盈利、卖货为目的时，观众自然会放弃观看，因为没有人喜欢看广告，当然也就不会有很好的带货效果。

所以哪怕是通过带货视频进行变现，也要让自己账号的大多数内容都是不加商品链接的。通过这些视频来积累账号的口碑、人气和粉丝，然后再偶尔进行带货，这对于一个新号来说尤为重要。

这里举一个很典型的例子，就是"大花总爱买"这个抖音号，如图15所示。一听这个名字，各位应该就能感觉到这是一个"好物种草类"账号。这类账号如果想带货的话，每个视频都可以上商品链接，并且直接种草链接商品即可。但笔者连续翻看了该账号的40个视频，

发现其中只有10个有商品链接，也就是不带链接与带链接视频的比例为3∶1。而且，哪怕是如图15所示的种草平价美妆的视频，也只是纯分享，没有上视频中商品的链接，可见这些已经成长起来的"大号"们，都十分注意避免频繁"带货"。

△ 图15

通过"干货"视频建立认同感

如果想获得观众的认同，不是不带商品链接这么简单，视频的内容必须要过硬，要能够解决观众的问题，或者可以满足他们的需求。这样才有人愿意成为该账号的粉丝，进而为之后的变现打下基础。

当然，无论视频有没有带商品链接，其内容所属的领域及视频风格都应该保持一致。从而在之后发布上了视频链接的视频时，观众的观看感受也不会有太大的区别。这样既可以让观众觉得即便是在带货，但内容也很有价值，又可以增加观众购买商品的可能性。因为此时观众已经对该账号的视频产生了认同感，进而很有可能将这种认同延伸到商品，从而产生购买。

比如图16所示即为抖音号"健美冠军王森贵"所录制的一个带货视频。该账号的内容大多数都是非常实用的健身方法，所以建立起了一定的口碑。那么在录制带货视频时，观众就会自然地认可他所推荐的产品。而且在视频中，也不忘告诉观众除了饮用"氮泵"，还可以配合哪些补充剂及何时再去饮用，不但拥有广告效果，也具备一定的健身知识传播效果。

⚠ 图16

通过纯好物分享与观众做朋友

如果在视频中推荐了带链接的商品，观众会认为你在卖货。哪怕商品真的很好用，也会有一部分人不相信，认为你是为了赚钱而夸大其效果。

但如果不带链接，只是单纯的好物分享，就会让观众觉得你是真心想帮助大家解决问题，真心在分享自己觉得好用的商品。当观众第一次在将信将疑间购买了你所推荐的商品后，并发现确实挺好用时，就会有一种把你当作朋友的感觉，从而成为所谓的"铁粉"，无论是发生点赞还是评论等行为的频率也会大大增加。

所以，要想与观众做朋友，就要有那么一部分视频是单纯的分享，让观众感觉到你在帮他。而且一定要是自己尝试过的，觉得真心好用的产品后再分享，否则很可能适得其反。

第8章

爆火带货短视频这样拍

视频录制的基础设置

安卓手机视频录制参数设置方法

安卓手机和苹果手机均可对视频的分辨率和帧数进行设置。其中安卓手机还可以对视频的画面比例进行调整，而苹果手机目前暂不支持该功能。

安卓手机视频录制的参数请见下表，设置方法见下图。

分辨率	4K	1080P		720P	
比例	16：9	21：9	16：9	21：9	16：9
帧数（帧）	30	30	60	30	60

❶ 点击界面左上角的⚙图标进入设置界面

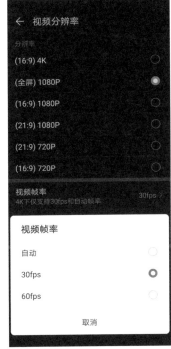

❷ 选择"分辨率"选项，设置视频比例和清晰度

❸ 根据拍摄需求，选择视频的比例、清晰度及帧率

苹果手机分辨率与帧数设置方法

在苹果手机中也可对视频的分辨率和帧数进行设置。

在录制运动类视频时，建议选择较高的帧率，可以让运动物体在画面中的动作更加流畅。而在录制访谈等相对静止的画面时，选择30帧即可，既省电又省空间。

选择这些参数需要特别关注以下两点。

首先是1080p HD 60 fps及4K 60 fps，使用这两种参数拍出来的视频每秒有60帧画面，这样的视频不仅观看流畅，而且可以通过后期制作出2倍速慢速播放效果，从而制作出许多情绪不同的转场或者画面效果。

其次是4K分辨率，虽然听上去很高端，但如果拍出来的视频只是在手机或Pad等媒体终端观看，并不建议使用，因为在观看效果上与1080p并没有明显区别，却在拍摄时占用了大量手机空间。

❶ 进入"设置"界面，选择"相机"选项

❷ 选择"录制视频"选项，进入分辨率和帧数设置界面

❸ 选择分辨率和帧数

视频分辨率的含义

视频分辨率是指每一个画面中所能显示的像素数量，通常以水平像素数量与垂直像素数量的乘积或垂直像素数量表示。通俗地理解就是，视频分辨率数值越大，画面越精细，画质越好。

以1080p HD为例，1080就是垂直像素数量，标识其分辨率；p代表逐行扫描各像素；HD代表"高分辨率"，只要垂直像素数量大于720，就可以称之为"高分辨率视频"或"高清视频"，并带上HD标识。但由于4K视频已经远远超越了"高分辨率"的要求，所以反而不会带有HD标识。

fps的含义

通俗来讲, fps就是指一个视频里每秒展示出来的画面数。例如, 一般电影是以每秒24张画面的速度播放, 也就是一秒钟内在屏幕上连续显示出24张静止画面, 由于视觉暂留效应, 使观众看上去电影中的人像是动态的。

因此, 每秒显示的画面数越多, 视觉动态效果越流畅; 反之, 如果每秒显示的画面数越少, 观看时就有卡顿感觉。

苹果手机视频格式设置方法

有些读者使用苹果手机拍摄的照片和视频, 复制到Windows系统的计算机中后, 无法正常打开。出现这种情况的原因是由于在"格式"设置中选择了"高效"选项。

在这种模式下, 拍摄的照片和视频分别为HEIF和HEVC, 而如果想在Windows系统环境中打开这两种格式的文件, 则需要使用专门的软件打开。

因此, 如果拍摄的照片和视频需要在安装了Windows系统的计算机中打开, 并且不需要文件格式为HEIF和HEVC(录制4K 60fps和240fps视频需要设置为HEVC格式), 则建议将"格式"设置为"兼容性最佳", 这样可以更方便地播放或分享文件。

❶进入"设置"界面, 选择"相机"选项

❷选择"格式"选项

❸如果拍摄的照片或视频需要在Windows系统中打开, 则建议选择"兼容性最佳"选项

提示

超取景框功能需要在"格式"设置中选择"高效"选项才可正常使用。

使用手机录制视频的基本操作方法

苹果手机录制常规视频的操作方法

打开苹果手机的照相功能，然后滑动下方的选项条，选择"录像"模式，点击下方的圆形按钮即可开始录制，再次点击该按钮即可停止录制。

苹果手机还有一个比较人性化的功能，即在录制过程中点击右下角的快门按钮可随时拍摄静态照片，从而留住每一个精彩瞬间。

另外，在iPhone 11 中，还可以在拍摄照片时按住快门按钮不放，从而快速切换为视频录制模式。如需长时间录制，在按住快门按钮的状态下向右拖动即可。

❸ 使用 iPhone 11 拍摄照片时，可以通过长按快门按钮的方式进行视频录制；松开快门按钮即可结束录制。如果需要长时间录制视频，将快门按钮向右拖动至 🔒 图标即可

❶ 在视频录制模式下，点击界面右侧的快门按钮即可开始录制

❷ 录制过程中点击右下角的快门按钮，可在视频录制过程中拍摄静态照片；点击右侧的中间圆形按钮可结束视频录制

安卓手机录制常规视频的操作方法

安卓手机与苹果手机的视频录制方法基本相同，均需要打开照相功能，然后滑动下方的选项条，选择"录像"模式，点击下方的圆形按钮即可开始录制，再次点击该按钮即可停止录制。

并且安卓手机和苹果手机均有一个人性化的功能，即在录制过程中点击右下角的快门按钮可随时拍摄静态照片，从而不错过任何一个精彩瞬间。

❶ 在视频录制模式下，点击界面右侧的快门按钮即可开始录制

❷ 录制过程中点击右下角的快门按钮可在视频录制过程中拍摄静态照片；点击右侧的中间圆形按钮可结束视频录制

录制视频的注意事项

要想录制出满意的视频，需要格外注意以下3点。

保持安静。由于拍摄者离话筒比较近，如果边拍摄边说话，拍摄者的声音在视频中听起来会很大，感觉乱糟糟的，所以尽量不要说话。

拍摄过程中谨慎对焦。在拍摄的过程中尽量不要改变对焦，因为重新选择对焦点时，画面会有一个由模糊到清晰的缓慢过程，破坏画面的流畅感。

注意光线。在光线较弱的环境中摄像时，手机视频的噪点会比较多，非常影响画面美观。为了避免出现这种情况，在没有专业设备的情况下，可以观察周围有哪些照明设施可用。

使用手机录制视频进阶配件及技巧

由于视频呈现的是连续的动态影像，因此与拍摄静态图片不同，需要在整个录制过程中持续保证稳定的画面和正常的亮度，并且还要考虑声音的问题。所以，要想用手机拍摄出优质的短视频，需要利用更多的配件和技巧才能实现。

保持画面稳定的配件及技巧

三脚架

进行固定机位的短视频录制时，通过三脚架固定手机即可确保画面的稳定性。

由于手机重量较轻，所以市面上有一种"八爪鱼"三脚架，可以在更多的环境下对手机进行固定，非常适合户外固定机位录制视频时使用。

而常规的手机三脚架则适合在室内录制视频，其机位一旦选定后，即可确保在重复录制时，取景不会发生变化。

⚫ 八爪鱼手机三脚架

稳定器

在移动机位进行视频录制时，手机的抖动会严重影响视频质量。而利用稳定器则可以大幅减弱这种抖动，让视频画面始终保持稳定。

根据所要拍摄的效果不同，可以设定不同的稳定模式。比如想跟随某人进行拍摄，就可以使用"跟随模式"，使画面可以稳定、匀速地跟随人物进行拍摄。如果想要拍摄出"环视一周"的效果，也可使用该模式。

另外，个别稳定器还配有手动调焦等功能，可以轻松用手机实现"希区柯克式变焦"效果。

⚫ 常规手机三脚架

⚫ 稳定器

移动身体而不是移动手机

在手持手机录制视频时，如果需要移动手机进行录制，那么画面很容易出现抖动。建议将手肘放在身体两侧夹住手机，然后移动整个身体来使手机跟随景物移动，这样拍摄出来的画面会比较稳定。

◆ 当需要移动手机录制山脉全景时，移动身体可以使手机更平稳

替代滑轨的水平移动手机技巧

如果希望绝对平稳地水平移动手机进行视频录制，最佳方案是使用滑轨。然而滑轨是非常专业的视频拍摄配件，使用起来也比较麻烦，所以大多数短视频爱好者都不会购买。

可以通过先将手机固定在三脚架上，然后在三脚架下垫一块布（垫一张纸也可以，但纸与桌面的摩擦会出现噪音），接下来缓慢、匀速地拖动这块布就可以实现类似滑轨的移镜效果。

◆ 缓慢拖动三脚架下面的布，以便较稳定地移动手机

保持画面亮度正常的配件及技巧

利用顺光或侧光打亮人物

逆光虽然经常被用在图片拍摄中，但主要是为了营造剪影效果，或者是在有多方向光源时，利用逆光来勾勒亮边。

但在短视频录制过程中，布置多个光源对于短视频爱好者来说并不现实，而如果一个视频又完全以剪影形式呈现（除特殊艺术效果外），画面会显得非常单调。

所以，尽量利用顺光或者侧光打亮视频中的人物或者场景，从而让观众能够看到更加丰富的画面。

◆ 利用侧光打亮画面中的人物并进行拍摄

通过手机调节画面亮度或锁定亮度拍摄

在视频录制过程中，调整画面亮度是不可取的，会极大地影响视频效果。因此需要在录制前，通过手机的曝光补偿功能调整至合适的画面亮度后再进行录制。

如果在录制过程中光线发生变化，在默认设置下，手机会自动调整曝光量，从而始终确保画面的亮度是正常的。

但在某些情况下，可能希望真实地记录光线变化所造成的画面明暗变化。比如，在进行延时摄影时，日落时画面逐渐变暗是表现时间推移的重要元素，此时就需要长按手机屏幕，直到出现"自动曝光锁定"字样为止。

⌃ 当需要录制画面亮度随时间推移而变化的效果时，则需要锁定曝光后再进行录制

利用简单的人工光源进行补光

在室内进行视频录制时，即便肉眼观察到的环境亮度已经足够，但手机的宽容度比人眼差很多，所以通过曝光补偿调节至正常亮度后，画面会出现很多噪点。

如果想要获得更好的画质，最好购买补光灯对人物或者其他主体进行补光。补光灯通常为LED常亮灯，再加上柔光罩，就可以发出均匀的光线。

其中，环形LED补光灯非常适合自拍视频使用。在没有补光灯的情况下，甚至可以打开手机的手电筒，将闪光灯作为可以补光的常亮灯使用。

⌃ 环形 LED 补光灯

通过反光板进行补光

反光板是一种比较常见的低成本补光方法，而且由于是反射光，所以光质更加柔和，不会产生明显的阴影。但为了能获得较好的效果，因此需要布置在与主体较近的位置。这就对视频拍摄时的取景有了较高的要求，通常用于固定机位的拍摄（如果是移动机位拍摄，则很容易将附近的反光板也录制进画面中）。

⌃ 反光板

使用外接麦克风提高音质

在室外录制视频时，如果环境比较嘈杂或者是在刮风的天气下进行录制，视频中会出现大量噪音。为了避免出现这种情况，建议使用可以连接手机的麦克风进行录制，这样视频中的杂音将会明显减少。

另外，安卓手机大多采用Type-C接口，苹果手机则为Lightning接口，而可以连接手机的麦克风大多仅匹配3.5mm耳机接口，所以还需准备一个转换接头方可使用。

⌃ 手机可以使用的麦克风

根据平台选择视频画幅的方向

不同的短视频平台，其视频展示方式也有所区别。比如优酷、头条和B站等平台是通过横画幅来展示视频的，因此将竖画幅拍摄的视频在这些平台上展示时，两侧就会出现大面积的黑边。

而抖音、火山和快手这些短视频平台，其展示视频的方式是竖画幅方式，此时以竖画幅录制的视频就可以充满整个屏幕，观看效果会更好。

所以在录制视频前，要先确定将要发布的平台，然后再确定是竖画幅录制还是横画幅录制。

⌃ 采用竖画幅录制的视频更适合发布在抖音、快手等手机短视频平台上

第9章

成功带货视频案例分析

案例1：58同城招聘平台广告投放

案例概况

甲方概况

该案例的甲方为58同城招聘平台，广告投放时间为毕业季、跳槽季。投放该广告的目的是为了让更多刚刚毕业的学生或者年轻就业者，了解并选择58同城招聘平台进行求职。

乙方概况

该案例的乙方为抖音号"疯狂小杨哥"。账号基本数据为：粉丝5050.9W，单视频平均播放量8163.3万。粉丝画像67.2%为男性，32.5%为女性，50.6%粉丝年龄为24~40岁，与甲方希望触达的人群高度吻合。

广告视频概况

视频采取剧情类表现手法，时长2分24秒。

大致剧情为，网瘾青年——小杨弟弟毕业后整日以打游戏混日子，在家里各种不被待见，并被暴躁老妈孤立，小杨的哥哥借机建议老弟去58同城招聘平台找工作。

视频上线后，获得8559.4万播放量、329.8万点赞及9.1万条评论，CPM（千人展现成本）低至7.32元。出色的表现得到了甲方的高度认可，如图1所示。

▲ 图1

广告内容创作关键点

反映真实的生活

该案例视频选择了"弟弟沉迷游戏不找工作"这一场景作为内容创作的核心，如图2所示。而该场景又是目前很多不找工作或者找不到工作的年轻人的真实写照，从而容易引起观众的共鸣，进而获得大量的传播。

在不经意间植入广告

该视频时长2分24秒，广告植入发生在1分52秒。能够看到此处的观众都是被情节所吸引的，所以当广告出现时，观众"毫无防备"。再加上"哥哥向找不到工作的弟弟推荐招聘平台"放在当时的剧情中也合情合理，所以一般不会容易引起观众的反感。

▲ 图2

视频结尾再次与"找工作"产生联系

该视频以"弟弟在爸爸面前模仿街溜子，并惨遭'修理'"作为结尾，如图3所示。由于弟弟模仿"街溜子"非常像，再结合弟弟沉迷游戏找不到工作的剧情，不禁让观众看到了长时间找不到工作的样子，从而再一次与"招聘平台"产生关联，提高视频流量向招聘平台转化的效果。

多次反转让视频更精彩

对于带货视频而言，除了抖音号本身的粉丝基础，能够获得高流量的原因几乎都是视频情节设计巧妙，让观众喜欢看、愿意看。该视频中总共出现了4次反转，而多次的反转则一直吸引着观众看完时长达2分24秒的视频，并自发点赞、评论和分享。

◢ 图3

广告拍摄与剪辑关键点

拍摄关键点

该案例视频的拍摄与剪辑并不复杂，使用手机配合稳定器即可拍摄。对于一些带有高帧频功能的手机，甚至直接手持拍摄也可以。

在室内拍摄取景时，为了防止由于窗外与室内明暗反差过大，导致室内亮度正常时而窗户完全过曝的情况发生，建议拉上窗帘，使用室内灯光进行拍摄。如果手机可以同时拍摄到窗内外的景物，拉上窗帘可以让画面更简洁，避免被窗外景物分散视线，如图4所示。

剪辑关键点

在后期剪辑时，注意反转的地方要干净利落，不给观众留下反应时间，直接衔接反转后的画面，并利用色彩或者背景音乐的变化，让反转效果更突出。

◢ 图4

案例2：阿玛尼手表广告投放

案例概况

甲方概况

该案例的甲方为阿玛尼。投放该广告的目的是为了宣传自家手表产品，增加年轻女性对该品牌手表的认同度，并间接提高销售额。

乙方概况

该案例的乙方为抖音号"佟悦佟悦"。账号基本数据为：粉丝376.5万，单视频平均播放量131.1万。粉丝画像68.3%为女性，31.5%为男性，56.9%粉丝年龄为18~30岁，与甲方希望触达的人群高度吻合。

广告视频概况

视频采取剧情类表现手法，时长1分钟。

大致剧情为，女主在收到男友送的阿玛尼手表后，一开始很高兴，但在仔细观察后，怀疑是男友将前女友不要的礼物又送给自己了，故把男友打出家门。但因为手表太好看，最终还是收下了。

视频上线后，获得136.1万播放量、5.2万点赞及2459条评论。出色的表现得到了甲方的高度认可，如图5所示。

△ 图 5

广告内容创作关键点

利用表情让"背书"更有意思

在短视频中如何植入品牌背书一直都是很多内容创作者很头疼的问题。而在该视频中，女主在看到产品后顺势"背书"时，其略带"傲娇"的表情则冲淡了产品介绍的死板与无趣，如图6所示。而且还表现出对男友送的礼物比较满意的态度，对剧情也起到了推进作用。

与粉丝画像吻合的产品与视频内容

抖音号"佟悦佟悦"的粉丝主要为年龄在18~23岁的女性，如图7所示。所以当该视频设定的场景为男友或老公给女主送礼物时，粉丝不会感觉有违和感。再加上推广的产品是很多年轻女性向往的阿玛尼手表，也会引起很多人的兴趣，从而为视频的广泛传播和点赞打下了基础。

△ 图 6

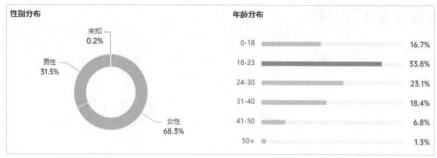

性别分布

男性 31.5%

未知 0.2%

女性 68.3%

年龄分布

0-18	16.7%
18-23	33.8%
24-30	23.1%
31-40	18.4%
41-50	6.8%
50+	1.3%

▲ 图 7

反映真实女性心理

该视频在内容情节上的设计重点在于女主通过对手表的细节分析，怀疑"这块表曾经送给过前女友，由于前女友不喜欢，所以就留到现在，又送给了自己"。这一想法与很多年轻女性不谋而合，给观众一种看到了自己的感觉，自然会产生共鸣，进而有利于视频传播。

接地气的内容更容易传播

虽然阿玛尼手表是一个很高端的品牌，但如果视频也做得很高端，容易让观众产生望而却步的心理，进而影响流量。所以在该视频中，无论是女主的表情也好，动作也罢，都比较大大咧咧，给人一种"接地气"的视觉感受，如图8所示。从而拉近高端奢侈品牌与普通大众间的距离，在人群中得到更好的传播。

哪怕这类人群今天没有这么高的消费，但只要在其心中种下了草，当以后有相应的经济实力时，就有可能选择该品牌的类似产品。

▲ 图 8

广告拍摄与剪辑关键点

拍摄关键点

在产品背书时，自然要对产品进行特写拍摄，从而让观众能够看到产品细节。当介绍到"表盘里的小钻"时，还需要迎着光晃一晃，表现出"小钻"的光泽感，如图9所示。这些拍摄细节可以让产品更吸引观众。

另外，由于该视频大部分为心理活动描述，所以需要特写表现人物的表情。在拍摄时为避免画面死板，需要简单地进行移镜，让画面动起来。由于移镜速度比较慢，所以需要配备稳定器。

▲ 图 9

剪辑关键点

该视频的剪辑特点主要体现在为表现心理活动时的画面进行配音。如果使用剪映进行后期处理，则需要在剪辑完视频内容后，通过"音频"中的"录音"功能，让每一个表情与相应的内心独白相匹配。

案例3：支付宝"花呗"广告投放

案例概况

甲方概况

该案例的甲方为支付宝。投放该广告的目的是为了推广支付宝中的"花呗"服务，促使人们主动去了解并使用"花呗"这种网贷业务。

乙方概况

该案例的乙方为抖音号"韩宇"。账号基本数据为：粉丝415万，单视频平均播放量156.1万。粉丝画像70.8%为女性，29%为男性，61%粉丝年龄为0~23岁，粉丝群体非常年轻，与甲方希望触达的人群高度吻合。

广告视频概况

视频采取剧情类表现手法，时长1分09秒。大致剧情为，男主的妹妹想喝奶茶、想和同学毕业旅行及想买旱冰鞋的请求都被爸爸无情驳回。而男主表面上是和爸爸站在一边，实则通过巧妙的方法达成妹妹的愿望，并借机介绍支付宝的花呗业务。

视频上线后，获得602.4万播放量、78.5万点赞及3.7万条评论。出色的表现得到了甲方的高度认可，如图10所示。

△ 图10

广告内容创作关键点

通过亲情转移对广告的反感

在广告行业中，"网贷"类业务的广告非常难做。因为现在低门槛的"网贷"让很多没有经济收入的学生养成了花钱大手大脚的习惯，并使一些家庭陷入了债务危机。导致"网贷"就好像过街老鼠，人人喊打。至今已经发生了不止一次，某大V接"网贷"产品广告被网友骂得头破血流，导致人设崩塌，从而严重影响账号流量的情况。而"花呗"正属于网贷产品中的一种。

但在该案例的视频中，主要分为"奶茶情节""银行卡情节"和"旱冰鞋情节"，每个情节都是表现哥哥与妹妹的亲情。而其中只有旱冰鞋情节是用"花呗"业务购买的，并且是一句话带过，另外两个情节则有单独的画面进行重点表现，从而让"情感表达"成为了视频的主旋律。当观众被这对兄妹间的情谊所感动时，当大家都羡慕妹妹有这么一个好哥哥时，"网贷"类产品广告的负面作用就被大大削弱了。

细节表现让剧情符合逻辑

该视频中有一个细节，就是爸爸将哥哥的银行卡拿走了，还特意说了一句"韩宇把你钱搁我这啊"，如图11所示，从而让哥哥使用花呗为妹妹买旱冰鞋就变得合情合理，符合逻辑，而且广告的植入也不会显得那么生硬。

加入一个"反派"突出兄妹情

为了让视频中的兄妹情更加突出，所以加入了"爸爸"这个"反派"角色。当妹妹提出的，其实并不过分的要求都被爸爸驳回时，哥哥作为同龄人，对妹妹的理解和照顾就显得尤为温暖。而且哥哥在视频中的表现也有反转，进一步突出了恶劣兄妹情。

△ 图 11

倘若视频内容只是妹妹提要求，哥哥都全部满足，就会变得枯燥、乏味，也无法突出哥哥的好。

广告拍摄与剪辑关键点

拍摄关键点

该视频在"爸爸"与"哥哥"间的转场效果是通过前期直接拍摄得到的，这样可以减少后期剪辑的工作量，视频也显得更连贯。但为了保证转场效果，需要让"爸爸"和"哥哥"本身就处于相似的位置，从而可以在对其中一人进行拍摄后，快速、准确地直接转移镜头去拍摄另外一人。

剪辑关键点

该视频在剧情发生反转前后分别使用了不同的背景音乐。反转前的背景音乐节奏比较快，而反转后的音乐不但节奏稍慢，还具有浓重的感情色彩，从而突出了哥哥的好。

并且在表现哥哥偷偷满足妹妹各种要求的画面时，采用了慢动作处理，比如在表现水杯中装得不是热水而是奶茶，以及偷偷放在妹妹书中的银行卡的画面等，如图12所示。通过节奏的变化，让观众意识到哥哥其实对妹妹非常照顾。

△ 图 12

案例4："率土之滨"游戏广告投放

案例概况

甲方概况

该案例的甲方为手游"率土之滨"官方。投放该广告的目的是为了让更多人了解率土之滨这款游戏，并强调其讲究策略、支持"大战场"的特点，增加游戏玩家数量。

乙方概况

该案例的乙方为抖音号"松子儿"。账号基本数据为：粉丝133.8万，单视频平均播放量96.4万。粉丝画像91.1%为男性，8 7%为女性，82.4%粉丝年龄为18~40岁，与甲方希望触达的人群高度吻合。

广告视频概况

视频采取剧情类表现手法，时长57秒。大致剧情为，老板怀疑女主去其他公司面试并准备跳槽，所以故意以"方案不行"为由刁难女主。女主随之说出去其他公司的原因是为了外交求和，以免与"陈总"在游戏中的百万大军对抗。

视频上线后，获得30.8万播放量、2.6万点赞及141条评论。出色的表现得到了甲方的高度认可，如图13所示。

△ 图 13

广告内容创作关键点

场景选择与目标群体一致

像"率土之滨"这类大战场策略游戏，其重点客户是那些不惜花费重金发展城池、军队并组建自己盟会的玩家。而这类玩家必然需要具有稳定的收入且有朋友能一起玩游戏。能同时满足这两点的，就是上班族，通常一个人开始玩某个游戏后，就会发动其他同事也一起玩。

因此，当情节在公司环境下展开时，如图14所示，作为"上班党"的观众就会自然代入角色，形成一种这个游戏比较有深度，年龄较小的玩家会比较少，并且可以玩较长时间的心理感受。

突出人与人之间的交互

为何网络手游那么吸引人呢？其中一个原因就是这类游戏是玩家与玩家合作或者对抗的玩法。由于存在人与人之间的交

△ 图 14

互，游戏的过程和结果就不会是预先设计好的，一成不变的，可玩性也就大大增加。

所以在该视频的剧情中，女主去"陈总"公司"求和"这一行为，虽然并不合理，但却突出了这个游戏很看重玩家与玩家互动这一特点，让游戏与现实相结合，增加游戏对观众的吸引力。

自然地介绍出游戏特点

在该视频中，并没有去直接说这个游戏多么好玩，有哪些特点。而是通过女主介绍其想出来的策略，自然地将游戏的主要"卖点"表达出来。并且在文案内容上言简意赅，每一句都是游戏的亮点所在，也就不会引起观众对广告内容的反感。比如女主在介绍其策略时提到了假装"投降"，提到了游戏中的地点有"赤壁"，提到了"联盟"还有"20万"大军等，如图15所示，以此增加游戏对观众的吸引力。

△图15

通过情绪快速抓住观众视线

像抖音这种拇指滑动式浏览，一旦视频的前3秒不够吸引人，就很有可能被"滑走"。而该视频一开头就通过情绪激烈的争吵抓住了观众，吸引观众进一步观看，以便了解争吵的原因。只要观众进入了剧情，就很有可能完整地看完该视频。

广告拍摄与剪辑关键点

拍摄关键点

该视频看似有很多画面都出现了景别变化，其实都是通过后期制作的。在前期拍摄时，只需要通过3个不同的机位手持拍摄即可，对拍摄要求较低。但画面中的人物面部受光十分均匀，如图16所示，应该是利用相对柔和的人工光进行拍摄的。如果各位读者在室内拍摄时发现单纯依靠原有灯光会导致曝光不足，强行提亮画面又会大大降低画面质量，则需要利用常亮灯进行补光后再录制。

将该部分画面通过画中画覆盖为游戏画面即可。也可以在后期处理时单独对游戏画面进行配音。

剪辑关键点

上文已经提到了，视频中多次出现的景别变化其实是通过后期实现的。只需要将说到某句话的画面分割下来，然后对该段画面进行"裁减"即可。视频中这种景别的略微变化是为了让画面看起来更具动感，避免使用"固定"机位拍摄出容易引起观众视觉疲劳的画面。

当然，游戏画面需要通过后期处理剪辑到视频中。至于介绍游戏时的语音，可以在录制视频剧情时就直接录下来，然后

△图16

案例5：欧诗漫小白灯精华液广告投放

案例概况

甲方概况

该案例的甲方为欧诗漫。投放该广告的目的是为了提高欧诗漫小白灯精华液的关注度和销售量。

乙方概况

该案例的乙方为抖音号"乔儿"。账号基本数据为：粉丝559.2万，单视频平均播放量187.8万。粉丝画像53.6%为男性，46.3%为女性，73.3%粉丝年龄为18~40岁。"乔儿"的粉丝，无论在年龄上还是性别上，分布都较为平均，很适合做普适性产品的推广。

广告视频概况

视频采取剧情类表现手法，时长1分25秒。

大致剧情为，同事甲总是在模仿女主，比如买同样的口红、包包等。当同事甲又一次模仿女主穿着紫色裙子时，同事乙忍不住指出同事甲比较黑，不适合穿这个裙子。正当气氛变得十分尴尬时，女主提到自己也不是天生白，进而植入精华液广告，并给同事甲试用，还送了她一瓶。最后友善的告诫同事甲不要把自己活成别人的影子。

视频上线后，获得1089.6万播放量、58.4万点赞及6418条评论。出色的表现得到了甲方的高度认可，如图17所示。

△ 图 17

广告内容创作关键点

用效果突出产品

在该案例中，并没有简单地通过"背书"来介绍产品的美白效果有多好，而是在视频中实际演示了涂抹后确实变白的效果，如图18所示。当然，存在视频中人物变白并不是完全依靠所宣传的产品实现的这一情况，但这种展现使用产品过程及前后对比效果的思路，几乎适用于所有美白、护肤类产品广告。

用正能量激发观众点赞、转发

该视频最后总结出了一个观点：永远不要把自己活成别人的样子，因为每个人都是世界上最宝贵的独一无二。

这种充满正能量的观点很容易激发观众的认同感，进而转化为点赞或者转发，让视频得到更广泛的传播。

△ 图 18

用善良与温柔打动观众

这个视频其实也在一定程度上表现出为何"乔儿"这个抖音号能积累559.3万粉丝，其中一个重要原因就是女主总会用善良与温柔对待身边那些可能有些许"恶意"的人们，也就是所谓的"以德报怨"，进而让观众感觉到现实中难得一见的善意，并为之感动。

比如这个视频中，对待总是模仿自己并且不承认自己在模仿的同事，"乔儿"不但没有埋怨，还向其推荐并送给她一瓶美白产品，如图19所示。这种似乎不太现实的温柔与善良，让观众的心情也舒畅起来。

△ 图 19

情节也要有节奏

该视频中一共出现了3次同事甲模仿女主的情况。如果表现这3次模仿的画面节奏基本相同，那么在看完前两次模仿后，就会产生视觉疲劳，在第三次模仿刚开始时，势必会有很多观众停止观看，导致完播率较差。但该视频在以相近的节奏表现了前两次模仿后，特意穿插一段同事乙问女主有没有感觉到同事甲在模仿自己的情节，从而改变了视频节奏，让观众在看到第三次模仿时，依然不会觉得乏味、雷同。

广告拍摄与剪辑关键点

拍摄关键点

该视频的拍摄关键点在于多次利用前景来营造人与物的关系。比如乔儿在讲到自己买了个新包后，新包就是作为前景出现在画面中。并且当乔儿发现同事甲的桌子上有一个和自己一模一样的包包时，也是通过将包包作为前景来让观众意识到这一点，如图20所示。

剪辑关键点

在介绍产品时，很明显有一句话与口型对不上。这是因为在视频录制时，产品介绍与最终确定的版本有一定的偏差。那么就可以通过后期，将原本视频中的这段语音删掉，再配上新的语音，从而无须重拍，即可正确地对产品进行介绍。

△ 图 20

案例6：懂车帝广告投放

案例概况

甲方概况

该案例的甲方为懂车帝。投放该广告的目的是为了让更多人了解懂车帝这个App，并使用它获取车辆相关内容。

乙方概况

该案例的乙方为抖音号"刘颜铭"。账号基本数据为：粉丝109万，单视频平均播放量8.5万。粉丝画像58.3%为男性，41.4%为女性，73.5%粉丝年龄为18~40岁。同样属于粉丝分布比较均匀的抖音号。

广告视频概况

视频采取剧情类表现手法，时长1分05秒。

大致剧情为，男主知道朋友的妻子得了重病，最近需要钱。为了既维护朋友的自尊，又能帮朋友一把，选择以高出实际价格不少的钱买下了朋友的车。事后，男主妻子说这车不值这么多钱，男主反问她是怎么知道的，然后自然地植入懂车帝广告。

视频上线后，获得3192.9万播放量，109.7万点赞及1.6万条评论。该表现远超账号的平均视频播放量，将广告做成了爆款，是一个难得的经典案例，如图21所示。

△ 图 21

广告内容创作关键点

有深度的台词揭露现实的心酸

在这个视频中有这么一段台词"小的时候人人都是彩虹，有七种颜色。现在，都变成了一种颜色——粉色。离开了粉色，寸步难行。"像这样既深度又揭露现实的台词会引起很多观众的共鸣，而一旦观众认可这句话并感同身受，就大概率会将这个视频看完。

在视频的最后揭露"真相"

该视频时长1分05秒，但从第47秒之后才开始揭示"真相"。也就是男主并非不知道这车不值那么多钱，而只是通过这种方式，在保护朋友自尊的同时帮朋友一把，如图22所示。这种方式会让观众有种恍然大悟、意犹未尽的感觉。当视频在此时结束时，观众大概率会因为精彩的结尾而点赞或者评论。

△ 图 22

从细节表现"懂车帝"有多好用

该视频在介绍产品时，没有采用很多广告常用的方法——边使用边介绍产品的优点。而只是轻描淡写地提了一句"我不懂，但它懂"，如图23所示，以及"用它扫了一下，发现就值16万"。虽然只有简单两句话，但细节在于，使用它的是一位完全不懂车的女生。这就告诉观众，使用这款App，哪怕是对车一无所知的女孩儿，只需要进行"扫一下"这种简单操作，也能够查到关于汽车的很多信息。这种细节上的表达虽然没有"背书"来得那么直接，但对于注意到此点的观众而言，宣传效果要更好，广告植入的痕迹也更少。

而且，为了让观众注意到"女生""不懂车""扫一下就可以"这些细节，还加入了一些台词，比如男主问"女人也懂车？"等。

▲ 图 23

引发观众讨论

这段广告视频爆火的另外一个原因，是因为评论量非常可观。其中有不少评论在探讨视频中男主的做法是否正确。有的人表示认同这种方法，有的人表示这样做会"帮出一个仇人"。其实这种问题不会讨论出真正的结果，因为该做法的对与错不取决于男主，而取决于被帮助的那位朋友。但意见的分歧会让参与评论的人越来越多，最终促成了一个爆款广告视频。

广告拍摄与剪辑关键点

拍摄关键点

该视频中有一段是户外夜景拍摄。除非拍摄区域被高亮度人工光大范围打亮，否则用手机很难拍出理想的效果。而对于这段视频的画质及背景虚化效果而言，大概率是使用单反或微单拍摄的。为了保证移动中的人物始终清晰，注意不要使其脱离对焦框所在的位置。

剪辑关键点

该案例中有一处"懂车帝"的画面展示，如图24所示。该画面大概率是在后期制作时，通过"画中画"功能，将一张图片覆盖在手机上实现的。通过这个技巧，可以让手机上显示出任何需要显示的画面。

另外，为了突出该视频的情感表达，每当画面中没有台词时，背景音乐的声音就会被加大，用以烘托、渲染画面氛围。

▲ 图 24

案例7：汰渍洗衣凝珠广告投放

案例概况

甲方概况

该案例的甲方为汰渍。投放该广告的目的是为了宣传汰渍洗衣凝珠这款产品，并让更多的人了解其具有防串色、护色的功效，进而增加销售量。

乙方概况

该案例的乙方为抖音号"李玥承"。账号基本数据为：粉丝255.1万，单视频平均播放量19.5万。粉丝画像73.2%为男性，26.5%为女性，45.7%粉丝年龄为24~40岁。与甲方希望触达的人群高度吻合。

广告视频概况

视频采取剧情类表现手法，时长59秒。

大致剧情为，妹妹不小心把哥哥的衬衫洗串色了，却又不敢告诉哥哥。哥哥在知道这件事后，借给妹妹洗新衣服的机会，向其介绍可以防串色并护色的洗衣凝珠，并顺带表明自己不介意衬衫串色。

视频上线后，获得162.5万播放量，4.5万点赞及427条评论。出色的表现得到了甲方的高度认可，如图25所示。

⋀ 图 25

广告内容创作关键点

找到观众痛点

衣服被洗串色，是很多人都会遇到的问题。所以视频刚开始就抓住了观众这一痛点，表现了妹妹将哥哥衬衫洗串色这一情况，如图26所示。

那么观众自然会继续看视频，并期待可以给出解决问题的方法。这样，大部分在第一时间没有滑动到其他视频的观众，都会接收到广告信息。

让产品展示不那么刻意

虽然在植入广告时直接对产品进行特写拍摄是比较常用的展示产品外观的方法，但这样多少会显得有些刻意。

而在该视频中，分别对产品外包装和洗衣凝珠进行特写时，都与剧情有一定的关联。比如，在对外包装进行特写表现

⋀ 图 26

时，是因为妹妹质疑哥哥把不同颜色衣服都放在一起洗这一行为。而哥哥为了解释，向妹妹说明这个洗衣凝珠产品的包装上明确写着"防串色"。那么此时的镜头也就自然地从哥哥转移到对产品的特写表现上了，如图27所示。

弥补逻辑上的缺失

既然接了广告，自然在剧情设计上要考虑到产品的植入。但有时为了表现产品，可能会影响整个视频的逻辑。比如在该视频中，妹妹的错误是不小心把哥哥的衣服洗串色了。而为了解决这个问题，正常的逻辑是需要将串了色的衣服恢复原来的样子。可视频中介绍的产品并没有这个功能，所以就选择了次一层的逻辑——教会妹妹如何防止洗衣服串色，从而避免以后再发生这样的问题，以此来迎合产品的表现需求。

△ 图27

但内容创作者当然明白，这样做在逻辑上还是会有欠缺，因为妹妹知道了以后该怎么洗衣服，也不会消减她因洗串色了哥哥的衣服而产生的愧疚感。所以，特意让哥哥在介绍洗衣凝珠可以防串色时说了一句话"我也不介意你把我的衣服洗串色"。

这句话虽然加在这里有些奇怪，但却弥补了整个视频的核心逻辑，也就是通过一种不伤害妹妹的方式，告诉了她，"哥哥不会在意你洗串色这件事"，从而解开了其心结，也让整个视频显得更完整。

广告拍摄与剪辑关键点

拍摄关键点

该视频拍摄的关键点在于为了还原出屋内暖调光线所营造的色彩感，需要对白平衡或者色温进行调整。并且为了保证整个视频的色调相对统一，在确定白平衡或者色温后，就不能再次更改该设置。

剪辑关键点

该视频在剪辑时的关键点在于对一些动作进行了加速处理，从而让视频看起来更加紧凑、连贯。比如图28中，哥哥躲在墙后的镜头，就加速了哥哥的动作。既不妨碍整个剧情的表达，又让观众的思维时刻在跟着视频内容走，没有丝毫"停滞"的时间，大大提高其看完整个视频的概率。

△ 图28

案例8：珀莱雅面膜广告投放

案例概况

甲方概况

该案例的甲方为珀莱雅。投放该广告的目的是为了宣传珀莱雅"小吸盘"这款面膜产品，让更多的人了解该面膜的特点和功效，进而增加销售量。

乙方概况

该案例的乙方为抖音号"泊言Alison"。账号基本数据为：粉丝326.5万，单视频平均播放量25.7万。粉丝画像43.4%为男性，55.8%为女性，50.5%粉丝年龄为18~30岁。与甲方希望触达的人群高度吻合。

广告视频概况

视频采取剧情类表现手法，时长1分32秒。

大致剧情为，男主的老婆好吃懒做，也不注意自己的形象。为了改变老婆，男主约了其年轻时暗恋的对象，并告知其30分钟后就会来

家里坐坐。并顺势植入广告，问老婆要不要通过广告产品，打理下自己。打理后的老婆光彩照人，男主也表达出"脏活累活都由他来干，老婆只要负责美"就可以了。

视频上线后，获得141.3万播放量，6.2万点赞及1654条评论，并在8小时内达到80多万销售额的惊人成绩，如图29所示。

▲ 图 29

广告内容创作关键点

说目标群体爱听的话

怎么才能卖出更多的货？一个屡试不爽的方法就是说目标群体爱听的话。对于广告中的这款面膜而言，目标群体明显是年轻女性，所以当视频中出现"老婆有选择贤惠和不贤惠的权利，这取决于老公的表现"这种对于男性而言似乎不是那么有道理的话时，也没有关系，只要女性观众听起来高兴就足够了，如图30所示。

当她们觉得这个视频说出了自己的心里话，说出了自己的真实想法时，就会产生一种认同感。而这种认同感也会延伸到视频中所推荐的产品上，进而提高转化率。

▲ 图 30

利用常见场景增加代入感

对于已婚的年轻女性而言，由于热恋时的激情已经消退，在家中比较慵懒，不想收拾屋子，也不想打理自己的情况很常见。而该视频也正是抓住了这一点，选择了以男主质疑老婆种种行为为开头，让很多观众有一种"这演的不就是我和我老公的情况吗？"的心理感受，从而迅速进入到视频剧情中，并希望看到两人最终的结局是什么样的。

通过"真情实意"促使观众冲动消费

视频时长只有1分32秒。想要让观众在这短短1分32秒的时间内下单并购买产品，就要让其产生消费冲动。而该视频的高潮也就是当女主使用产品后，男主对她说"我绝对不会让自己的老婆在外人面前丢脸"，以及"只要有我在，辛苦就找不上你"等表露真心的话语，如图31所示。这些话语很可能会感动到屏幕前的观众，进而促使其决定购买产品。

▲ 图31

让产品成为剧情发展的关键

在该视频中，产品的出现并非可有可无，而是对推动剧情起到了关键作用。男主特意强调，"30分钟后"，"阿豪"就要到了，也就意味着女主需要在有限的时间内打理完毕。而产品在此时出现，则解决了这一形象危机。不但从侧面反映了这款面膜起效快，作用明显，还赋予了其一定的价值感。

广告拍摄与剪辑关键点

拍摄关键点

该视频中有一个镜头是为了表现出面膜的轻薄，故而采用了高位逆光进行拍摄。在拍摄时为了表现出面膜的洁白与干净，需要适当提高一些曝光补偿，如图32所示。

剪辑关键点

在对产品进行介绍时，专门为其配了一段轻松、舒缓的背景音乐，从而让观众从紧张的剧情中走出来，静下心接收与产品相关的介绍内容，起到更好的宣传效果。而音乐的变化也会让视频节奏有更多变化。

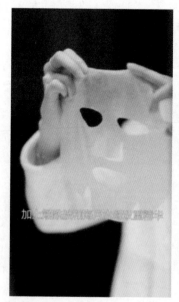

▲ 图32

案例9：好麦多Honlife麦片投放

案例概况

甲方概况

该案例的甲方为好麦多。投放该广告的目的是为了宣传Honlife麦片产品，让更多的人了解该麦片的功效和口味，进而增加销售量。

乙方概况

该案例的乙方为抖音号"胡玛丽"。账号基本数据为：粉丝920.6万，单视频平均播放量1017.6万。粉丝画像18.6%为男性，81.2%为女性，57.4%的粉丝年龄为0~23岁，粉丝群体非常年轻，与甲方希望触达的人群高度吻合。

广告视频概况

视频采取剧情类表现手法，时长57秒。

大致剧情为，下属不解老板（女主）为何对闺蜜这么好。老板表示是因为之前有一次，

闺蜜帮了她，并说要养她一辈子。但目前她事业成功了，所以要对闺蜜好一些。然后顺势让下属给闺蜜拿一杯麦片，并介绍该产品。

视频上线后，获得1157.1万播放量，102万点赞及4.1万条评论。出色的表现得到了甲方的高度认可，如图33所示。

▲ 图 33

广告内容创作关键点

根据粉丝画像确定拍摄主题

抖音号"胡玛丽"的粉丝画像特点非常鲜明，绝大部分都是年龄偏小的女孩儿。那么为了能够让视频有很好的传播效果，就要根据这类人群的特点进行内容创作。

由于现在的小女生基本上都会有一个闺蜜，所以选定该题材进行创作更容易引起观众的兴趣。更何况视频讲述的是一个宠爱闺蜜的故事，很容易促使观众在评论中@自己的闺蜜，互相开一些玩笑，如图34所示。而这些都对视频的大范围传播十分有利。

▲ 图 34

生活化场景让产品出现得更自然

由于麦片这种产品在生活中很常见，无论是作为早餐，还是作为办公室饮品都很合适。因此，当视频剧情出现在类似的场景中时，就会让观众感觉自己可能也需要。

而且该视频不仅以办公室为拍摄场景，在产品出现时也没有特意介绍，营造出一种与下属谈话时随手冲泡了一包的感觉，如图35所示。进一步降低了刻意去做广告的形式感，提高观看体验。

利用细节让故事更丰满

在该视频的剧情中，包含了一段老板（女主）回忆其闺蜜帮助她的那段往事。为了不让当时崴了脚的女主尴尬，闺蜜将一只鞋脱了下来，一蹦一蹦地走路。这种在情节上的细节设计，可以让观众对后面的内容有更多的期待，从而在一定程度上提高完播率。

▲ 图 35

广告拍摄与剪辑关键点

拍摄关键点

该视频的高调风格及发蓝的色调与女主干练、高冷的形象气质高度匹配，从而与其他视频形成明显的差异化，有自己的特色，如图36所示。而在回忆部分画面又以暖色调进行表现，传达出一种温暖感，如图37所示。正是在拍摄过程中对色彩的精确把控，让画面的氛围与情绪始终与剧情紧密结合。

剪辑关键点

视频中多次穿插了单独表现某个动作的特写镜头，这些画面既可以营造出老板酷酷的感觉，还起到了丰富画面内容，防止画面单调的作用。

另外，视频中还加入了一些转场、音效、特效等，以此进一步突出女主酷酷的、偏中性的风格，而这种风格想必也是抖音号"胡玛丽"能够吸引如此多粉丝的原因。

具体到视频中，比如最后说"没觉得"之后的神秘微笑，就利用了类似剪映中的"抖动色差"特效。

▲ 图 36

▲ 图 37

案例10：丹碧丝卫生棉条广告投放

案例概况

甲方概况

该案例的甲方为丹碧丝。投放该广告的目的是为了宣传卫生棉条产品，并消除部分人对卫生棉条的偏见，让更多的人了解卫生棉条的好用之处，进而增加销售量。

乙方概况

该案例的乙方为抖音号"大花总爱买"。账号基本数据为：粉丝162.4万，单视频平均播放量10.8万。粉丝画像18.7%为男性，81.3%为女性，31.5%的粉丝年龄为31~40岁，与甲方希望触达的人群高度吻合。

广告视频概况

视频采取种草类表现手法，时长1分18秒。

种草视频的大致结构为，先消除大家对卫生棉条的误区，再通过自身使用的感受介绍卫生棉条的优点，然后教给观众卫生棉条的使用方法，最后强调卫生棉条绝对是更好的选择。

视频上线后，获得602万播放量，12.4万点赞及1.5万条评论。出色的表现得到了甲方的高度认可，如图38所示。

▲ 图 38

广告内容创作关键点

需要有口碑积累

通过之前9个案例的分析，大家已经发现，广告视频的爆款往往都是剧情类的。这样可以大大降低观众的抵触心理，而且也不至于发现是广告就立马看其他视频去了。如果是直接通过口播来介绍产品，很难起到不错的效果，除非是已经积累起了一定的人气，并且之前推荐的产品确实好用。这时，才会有很多观众愿意听你介绍1分钟的产品，并且形成不错的转化。

所以，决定以口播种草的方式，直接进行产品推荐之前，要先看一看自己的账号是否积累起了一定的口碑，是否有足够多的观众信任你。

分享真实的使用感受

要想让观众相信并认可你的推荐，认可你的推荐，进而成功种草，一个关键点就是，在视频中要分享自己的真实使用感受。也就是不能直接去说这个产品有多么多么好，而是要根据自己的使用感受，说一下"我使用后，感觉哪里比较好，解决了什么问题"，这样就会让观众感觉到一种真诚，从而更容易相信你所推荐的商品是真的好用。

比如在该案例中，内容创作者以自己去泰国游玩，却正好赶上经期为例，描述了自己在使用卫生棉条后，使得旅行没有被过多影响的亲身经历，如图39所示，以此获得观众的信任。

▲ 图 39

抛出常见误区吸引观众

虽然种草类视频无法像剧情类视频那样，通过情节来吸引观众，但却可以通过语言，快速引起观众的兴趣。比如抛出一个很多人都不懂的问题，或者是像这个案例一样，指出一个很多人都有的误区。那么凡是有这个误区的人，就会希望听一听内容创作者对该问题的看法。而对此没有误区的观众，也会有一种找到了理解自己的人的感觉，同样有很大概率继续观看视频。

对产品进行全面详细的介绍

对于剧情类广告视频而言，真正介绍产品的时间其实就那么十秒钟甚至几秒钟左右。在这么短的时间内，很难让观众对产品有一个全面的了解。

但种草类视频则不同，因为全部时间都是围绕产品展开的，所以不但能介绍产品的作用，展示使用效果，还可以将使用方法和注意事项也一并在视频中进行表现。

比如在该案例中，为了避免一些观众因为不会用而望而却步，内容创作者就演示了其使用方法，如图40所示，从而增加转化。

▲ 图 40

广告拍摄与剪辑关键点

拍摄关键点

口播种草类的广告视频拍摄相比剧情类的要简单很多，因为只需用手机支架固定住手机进行拍摄即可。注意取景范围内的景物不要过于杂乱，并且人物在画面中要有足够的亮度。

剪辑关键点

哪怕将准备好的稿子背得再熟，录制过程中也必然会出现一些停顿。所以想要实现视频中那种一句接一句的效果，就要将衔接处的停顿删除，让每句话的连接更紧凑。另外，因为是选用固定机位进行拍摄的，所以景别不会发生变化，这样会让视频画面显得比较单调。在剪辑时就可以利用裁减功能，将一些画面裁掉，营造景别的变化，进而让画面显得灵活一些。

案例11：高姿精华液广告投放

案例概况

甲方概况

该案例的甲方为高姿。投放该广告的目的是为了宣传高姿精华液，让更多的人了解这种精华液可以有效改善熬夜人群的肤质，进而增加销售量。

乙方概况

该案例的乙方为抖音号"广式老吴"。账号基本数据为：粉丝283.7万，单视频平均播放量285.7万。粉丝画像12.6%为男性，86.8%为女性，39.1%的粉丝年龄为18~23岁，与甲方希望触达的人群高度吻合。

广告视频概况

视频采取种草类表现手法，时长59秒。

种草视频的大致结构为，先通过搞笑的方式让视频氛围轻松起来，然后开始分别介绍产品的包装技术特点、个人使用经验，以及该产品可以达到的效果，最后提醒大家要早睡，不要经常熬夜。

视频上线后，获得1231.1万播放量，8.8万点赞及1969条评论，并实现销售额37万，出色的表现得到了甲方的高度认可，如图41所示。

△图41

广告内容创作关键点

鲜明的个人风格

该案例的内容创作者风格非常鲜明，属于有些"疯癫的幽默"。时常会交替使用粤语与普通话进行产品介绍。这种鲜明的个人风格可以与其他"种草号"形成区分，进而积累起自己的忠实粉丝。由于风格非常鲜明，所以其视频的播放量也相对稳定，那么广告效果也可以得到保证。

用幽默的文案介绍产品

上文已经不止一次提到，作为口播种草类的广告，其难点在于如何让观众完整地看完一个产品的介绍视频。而在该案例中，内容创作者在介绍产品独特的包装时，采用了"经济舱"和"头等舱"的说法，并且强调当"按下后"就会"破舱"，这样就让观众对产品产生了兴趣。

而且内容创作者在口播一段时间后，就会通过自黑或者是夸张的表情来逗观众开心，如图42所示。这其实是作为相对枯燥的产品介绍

△图42

（其实她已经非常努力地让产品介绍不枯燥）的一种调剂品，也就是在观众可能感到乏味要换视频时，搞笑一下，继续留住你。

通过语音语调的变化避免视频枯燥

在该案例中，为避免介绍产品时过于单调，内容创作者的语音、语调，甚至是方言都在不断地变化。时而是粤语，时而是普通话；时而一本正经，时而采用夸张的语音、语调。这种方式进一步增加了视频的趣味性，让观众看得、听得津津有味。

通过细化使用体验营造真诚感

类似这种种草类视频，务必要让观众觉得你是真的觉得这款产品不错，是一次真诚的、真心的推荐，而不是为了挣广告费去念那些厂家准备好的稿子。想要做到这一点，一个有用的方法是，将使用体验细化。一旦观众从你的使用感受中听到了细节，那么就会下意识地认为你真的使用过这款产品，而这些使用感受也是真实的。

比如在该案例中，内容创作者在介绍使用方法时，提到了可以加在粉底液中用，可以加在遮瑕膏中用，还可以加在身体乳中，并在说完可以在身体乳中加后立刻补充了一句"在身体乳里有没有用不知道"，如图43所示。正是这句话，点到了使用过程中的细节感受，就会瞬间让观众相信你说的话。

△ 图43

广告拍摄与剪辑关键点

拍摄关键点

由于笔者感觉视频中的人物画面是用自然光拍摄的，那么就要注意人物的朝向，尽量让窗户光位于人物的前方，从而让其面部均匀受光。

剪辑关键点

为了让视频更搞笑，加入了一些特殊音效来配合内容创作者有趣的表达方式或者动作。另外可能是考虑到自己会说大量粤语的原因，视频中的字幕不但比较明显，还对重点进行了蓝字处理，让观众在快节奏的画面中可以更轻松地理解视频内容。

案例12：吉列剃须刀广告投放

案例概况

甲方概况

该案例的甲方为吉列。投放该广告的目的是为了宣传吉列引力盒手动剃须刀，让更多的人了解其"干净、快捷、可水洗"的特点，进而增加销售量。

乙方概况

该案例的乙方为抖音号"城七日记"。账号基本数据为：粉丝1547.3万，单视频平均播放量994.9万。粉丝画像22.8%为男性，76.8%为女性，37.6%的粉丝年龄为31~40岁，与甲方希望触达的人群高度吻合。

广告视频概况

视频采取剧情类表现手法，时长2分04秒。

大致剧情为，顾总发现自己暗恋的下属小七脖子上有草莓印，于是开始调查是谁在追求小七。小七在发现顾总的异常行为后，将广告产品作为礼物送给顾总，并顺势对产品进行介绍。顾总最终也化解了对小七的误会，知道草莓印是小七自己用习惯印上去的。

视频上线后，获得2370.4万播放量，108.6万点赞及9273条评论，出色的表现得到了甲方的高度认可，如图44所示。

△ 图 44

广告内容创作关键点

在视频中暗示消费场景

相信有些朋友会有疑问，对于剃须刀这种典型的男士用品，为何选择粉丝画像大多数为女性的抖音号进行广告投放？事实上，商家想必在投放广告前也做过一定的市场调查，会发现类似高端的剃须刀产品，往往是作为女性送给男性的礼物。

因此，无论是甲方吉列的选择，还是乙方"城七日记"将产品的呈现方式选定为"送礼"，如图45所示，都是正确且目标明确的做法。而当产品在视频中以礼物的形式出现后，自然会诱导观众下单购买，并作为礼物送给其他人。

△ 图 45

开门见山表现剧情中的"冲突"

为了抓住观众，剧情类视频需要在一开始就表现出核心"冲突"。因为有了"冲突"，视频才会精彩，观众才有继续看下去的理由。

在该案例中，上来第一句话就是"我是公司老板，怀疑秘书小七有男朋友了"，如图46所示。那么对这类"八卦"剧情感兴趣的观众，就大概率会继续观看。

为产品"加戏"

所谓为产品"加戏"，就是指不能简单地通过送礼引出产品后，介绍一下主要卖点就完事儿了。因为这样不会让产品在观众心中留下较深的印象。适当地让产品在视频中有更多的"戏份儿"，并且符合正常的逻辑，就会让观众既不反感，又能记住这款产品。

∧ 图46

比如在该案例中，当小七为顾总剃完胡子之后，顾总又问了一句"你送我这个，是为了让我每天看到它都能想起你吗？"这句话既推动了顾总和小七之间的关系，又再一次提到了这个刮胡刀。而且接下来，顾总为避免场面尴尬，立刻又通过称赞这个产品好用而转移了话题。当产品在剧情中起到作用的次数越多时，宣传效果也就越好。

广告拍摄与剪辑关键点

拍摄关键点

在该视频中，部分镜头不是用固定机位拍摄的，而是加入了一点点移镜的技巧。在移镜拍摄时，要尽量保持手机稳定，建议使用手机稳定器进行拍摄。

剪辑关键点

该视频中的剪辑细节非常多。比如在特别动作处增加音效，还有利用不同的背景音乐来渲染不同的氛围，从而让观众时而紧张，时而放松。同时还采用了局部加速的操作，让画面更显紧凑。而这些在之前的案例中其实已经提到过。

除此之外，为了让画面衔接得更自然，该视频还通过后期增加了一些运镜转场效果。比如图47所示的右摇镜头转场效果（由于镜头快速移动，所以画面会变模糊）大概率就是通过后期处理实现的。这些运镜转场效果也起到了丰富视觉表现的作用，提高了视频观赏性。

∧ 图47

案例13：小熊榨汁机广告投放

案例概况

甲方概况

该案例的甲方为小熊电器。投放该广告的目的是为了宣传小熊榨汁机，突出其使用简单、即榨即喝的特点，进而增加销售量。

乙方概况

该案例的乙方为抖音号"伯爵私厨"。账号基本数据为：粉丝80.4万，单视频平均播放量165.7万。粉丝画像69.0%为男性，30.8%为女性，65.3%的粉丝年龄为24~40岁，与甲方希望触达的人群高度吻合。

广告视频概况

视频采取美食教学类表现手法，时长1分03秒。

大致结构为，首先展示美食制作完成后的成品，然后讲解制作方法。制作过程中会使用到广告产品，进而起到推广、宣传的作用。

视频上线后，获得359.9万播放量，16万点赞及3016条评论，出色的表现得到了甲方的高度认可，如图48所示。

▲图48

广告内容创作关键点

利用成品吸引观众

美食类的广告视频，为了能够第一时间吸引观众，务必在视频开头就要展示制作后的成品。只有当观众对最终的成品感兴趣后，才会继续看下去，学习制作方法，或者是进一步了解品尝体验等。

比如在该案例中，创作者不但展示了成品，还用吸管捅破了"球状芒果"，如图49所示，突出了饮品的特点，并让观众对原材料感到好奇。

得益于视频类型的隐性广告植入

所谓隐性广告植入，就是以非常自然的方式，而不会特意以介绍产品的方式来植入广告。由于剧情类及种草类视频的限制，产品出现在视频中总会有些刻意。但对于美食教学类视频而言，在制作过程中本来就需要使用一些特定的工具，只需要记录下使用工具的过程，就可以起到宣传效果了。

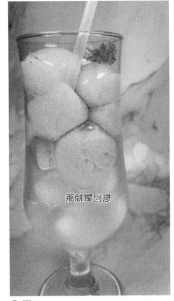

▲图49

比如在该案例中，创作者就是通过产品而进行芒果榨汁，如图50所示。由于没有任何对产品进行介绍的语言，所以能够将观众对广告的抵触降到最低。

如果观众仅仅通过产品的使用画面就对其产生了兴趣，那么自然会点击视频左下角的链接，进一步了解该产品，此时转化为购买的概率就比较高了。

潜移默化地突出产品卖点

为了既保证隐性植入广告的效果，又能让产品卖点尽可能地在视频中得到突出，可以在美食教学过程中通过自然的语言进行潜移默化的引导。

比如在该视频中，当榨汁机将芒果完全打碎后，创作者说了一句"如果懒的话，现在就可以直接喝了"。这句话其实就突出了榨汁机小巧、便携、即榨即喝的特点。

即便作为普通观众，没有意识到这是一句宣传文案，也会有"确实挺方便"的心理感受，对于最终转化为购买是具有潜移默化的作用的。

在评论区留言助力转化

对于广告视频而言，通过评论引导购买也是常用的方式。因为凡是会去看评论，或者对视频进行评论的人，都是对内容或者产品感兴趣的。很多人会习惯性地看一看评论区有没有人

▲ 图 50

发一些对产品的看法，从而给自己一个参考。

在这个案例中，创作者在一条与榨汁机相关的评论下回复"其实买榨汁机的多，小伙伴们都嫌麻烦直接喝了"，就对观众起到了比较好的引导作用。

广告拍摄与剪辑关键点

拍摄关键点

此类视频一个人就可以拍摄，但需要能够俯拍的手机三脚架加以辅助，比如图51所示的画面。在拍摄时最好进行预对焦，并锁定对焦，从而保证主体永远是清晰的。在制作过程中，如果不断移动的手可能会导致手机重新对焦，从而让视频中的部分画面出现短暂的模糊。

剪辑关键点

美食类教学视频剪辑的关键点在于，每一个步骤都要衔接紧密，不要拖泥带水。只需要将关键性动作和步骤剪到最终视频中即可。对于一些细节，则可以在视频最后，通过文字介绍，并提醒观众截屏慢慢看。

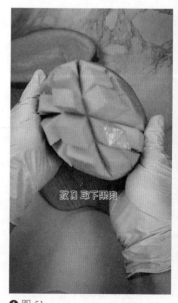
▲ 图 51

案例14：冰泉口香糖牙膏广告投放

案例概况

甲方概况

该案例的甲方为冰泉。投放该广告的目的是为了宣传冰泉口香糖牙膏，突出其去口气、味道选择多，还能除牙渍等特点，进而增加销售量。

乙方概况

该案例的乙方为抖音号"爱新觉罗男孩"。账号基本数据为：粉丝215.5万，单视频平均播放量22.8万。粉丝画像19.3%为男性，80.7%为女性，49.8%的粉丝年龄为0~23岁，与甲方希望触达的人群高度吻合。

广告视频概况

视频采取种草推荐类表现手法，时长50秒。

视频内容结构为，首先抛出很多观众的痛点——口腔有异味。进而开始从产品成分、味道、效果等方面介绍可解决该问题的产品。最后以希望自己的同事可以好好刷刷牙为结尾，再一次点出观众痛点。

视频上线后，获得2518.2万播放量、51.1万点赞及6937条评论，并转化超21万元。出色的表现得到了甲方的高度认可，如图52所示。

▲ 图 52

广告内容创作关键点

在产品使用场景下录制视频

当视频录制场景与产品使用场景一致时，观众会更有代入感，更容易根据介绍联想到自己使用产品时的感受，从而增加转化。

对于该视频而言，由于介绍的产品是牙膏，所以是在卫生间中录制的，如图53所示。观众在看视频时就会想到自己每天刷牙时的感觉，配合视频中的介绍，尤其是对香味介绍的那部分，脑海中就会浮现出满口香气的感觉。试想一下，如果是在客厅或者卧室录制这段视频，"种草"效果就会大打折扣。

▲ 图 53

介绍验证口腔是否有异味的方法

由于很多人都不知道自己口腔是否有异味，所以在该视频中内容创作者特意展示了验证方法，如图54所示，从而进一步增加目标客户的数量。而最关键的地方在于，如果观众通过这个方法第一次发现自己有口腔异味，那么其购买该产品的概率将会大大增加。

在介绍验证方法时也要有些技巧，如果直接让观众照做看看自己有没有口气，则可能有些冒犯，从而导致播放量较低。但该视频的内容创作者则是以"自己每天出门前都要先检验下有没有口气"为说辞，提高了观看体验。

视频最后再次强调痛点

如果一个视频可以在结尾时再次激发起观众的购买欲，那么对于提高转化率非常有帮助。而其中一个在结尾激发购买欲的方法，就是再次点出观众痛点。

比如在该案例中，虽然视频一开头已经点出了"口气"这一痛点，但为了让观众在视频结束后果断下单购买产品，创作者在结尾处以喊话同事"好好刷牙"的方式，如图55所示，再一次强调"口气"会给人留下不好的印象，从而突破观众最后一道心理防线，并购买产品。

△ 图 54

△ 图 55

广告拍摄与剪辑关键点

拍摄关键点

该视频的拍摄关键点在于将手机固定在卫生间台面上，然后通过人物靠近或者远离镜头来营造画面景别的变化，进而让视频看起来更生动。比如图56和图57所示的机位没有发生变化，是人物在移动，再加上后期裁剪而形成的景别变化。

剪辑关键点

该视频的剪辑关键点在于运用了大量的变声处理，从而让介绍产品的过程不至于太过单调。但对于关键信息的描述，仍然要由真实人声来完成，从而增加观众对视频内容的信任感。

△ 图 56

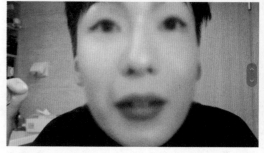

△ 图 57

案例15："多邻国"App广告投放

案例概况

甲方概况

该案例的甲方为多邻国。投放该广告的目的是为了宣传多邻国语言学习App，突出其语种多，每天学习15分钟即可掌握一门语言的特点，进而增加用户数量。

乙方概况

该案例的乙方为抖音号"房琪kiki"。账号基本数据为：粉丝1072.2万，单视频平均播放量1157.9万。粉丝画像34.7%为男性，65.2%为女性，64.5%的粉丝年龄为18~30岁，与甲方希望触达的人群高度吻合。

广告视频概况

视频采取励志、旅行类表现手法，时长1分07秒。

视频内容结构为，首先以自述的方式介绍

自己之前因为不是名牌大学毕业生而受到质疑，以及为了提高自己而做出的种种努力。随后引出为了做一名优秀的旅行博主，而使用"多邻国"App学习外语，进而开始产品介绍。最终用自身的经历证明，只要努力，即便没有文凭，也能成功。

视频上线后，获得644.5万播放量，38.2万点赞及1.3万条评论，并转化超21万元。出色的表现得到了甲方的高度认可，如图58所示。

▲图 58

广告内容创作关键点

通过传播正能量提高观众认同感

为了让观众认同视频中提到的产品，传播正能量是一种常用的方式。尤其是当产品涉及环保、教育等方面时，很容易让视频内容与正能量挂钩。

比如在该案例中，为了介绍语言学习类App，创作者选择以"学历不高一样可以收获成功"作为主题。强调只要"努力"，即便通过"自学"依然可以收获成功这一正能量观点。而"自学"的方式则是通过"多邻国"App，也就是本案例中的产品提供的平台和资源，如图59所示，从而让正能量观点与产品本身紧密结合。

▲图 59

突出个人成功属性

既然是励志类视频，就要让观众看到你的"成功"所在。观众越认可你，越觉得你成功了，就会越认可所宣传的教育类产品。

△ 图 60

因此在该视频中，出现了非常多创作者参加各种节目、演讲及在颁奖典礼出席的画面，如图60所示。这些画面让"成功"二字深深地印在了观众脑海中，再结合创作者在视频开头所强调的自己不是名牌大学出身，让很多观众看到了自己也能成功的可能。

本着对"成功"的向往，视频中的教育类产品更容易受到关注。

让视频的风格与产品相符

由于教育本身就具有一定的严谨性、学术性，所以不适合采用比较夸张或者浮夸的搞笑类、剧情类视频进行表现。尤其是为了表现出产品的专业性时，视频风格应以稳健、沉稳为宜。

△ 图 61

而在该案例中，视频以"自述"的形式表现创作者的成长经历，并且语音语调稍显平淡却展现出一种自信，给观众一种信念感。再加上大部分画面都采用中低调，如图61所示，这种沉稳的风格就表现得更为突出。而在此种视频风格下介绍的教育类产品，也让观众觉得更加可靠、专业。

广告拍摄与剪辑关键点

拍摄关键点

该案例对拍摄的整体要求较高。首先视频中有较多的中低调画面，为了保证视频质量，最好使用单反或者微单拍摄。另外，在外景拍摄中有多处采用了移镜的运镜方式，为了保持稳定，稳定器也是必需的。同时需要强调的是，视频中会穿插部分自拍画面，如图62所示，这是为了增加"自述"的真实感，营造创作者在同观众对话的视觉效果。

△ 图 62

剪辑关键点

视频中的很多画面都是剪辑自之前拍摄的素材，所以需要按照自述的逻辑顺序进行拼接。另外，由于视频中出现了连贯并且大段的语言，所以需要仔细检查字幕的断句是否正确，务必让每一句话的字幕都完整地出现在视频中。

案例16：999小儿感冒颗粒广告投放

案例概况

甲方概况

该案例的甲方为999感冒颗粒。投放该广告的目的是了让更多人知道999感冒颗粒有专为儿童研发的产品，增加产品的认知度。

乙方概况

该案例的乙方为抖音号"大狼狗郑建鹏&言真夫妇"。账号基本数据为：粉丝4611.9万，单视频平均播放量810.9万。粉丝画像35.3%为男性，63.7%为女性，37.5%的粉丝年龄为31~40岁，与甲方希望触达的人群高度吻合。

广告视频概况

视频采取剧情类表现手法，时长57秒。

大致剧情为，疫情期间终于盼来孩子开学，于是宝爸迅速转移孩子房间里藏的私房钱，不料被宝妈发现，于是便拿出999牌小儿感冒颗粒当挡箭牌，从而自然植入广告。但私房钱最终还是被宝妈发现了。

视频上线后，获得3812.3万播放量，131.4万点赞及1.2万条评论。出色的表现得到了甲方的高度认可，如图63所示。

▲图 63

广告内容创作关键点

介绍药物类产品切记点到为止

由于抖音官方对于药物相关的广告审核非常严格，所以为了防止视频被限流，在对药物类产品进行推荐时，尽量不要过多地介绍产品，尤其是功效方面。

比如在该视频中，999小儿感冒颗粒就仅仅是口播了其名称，并且出镜展示其外包装而已，如图64所示，没有进行任何有关疗效的介绍。而作为产品投放方，也应该了解药物类产品在抖音上更多的是提高观众的认知度，而不要指望能够直接产生多高的转化。

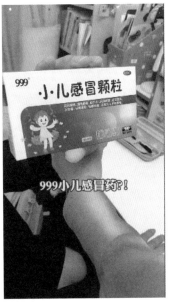

▲图 64

根据产品目标群体设计剧情

在录制每一个广告前，都应该首先确定产品目标人群，并设计该类人群喜闻乐见的剧情，从而形成代入感，提高视频完播率。

在该案例中，虽然产品的使用群体是孩子，但真正购买感冒药的则是孩子们的父母，所以要以父母的视角进行剧情设计。而存"私房钱"是很多夫妻常常会发生的情况，这就大大增加了引起观众产生共鸣的可能性，吸引更多的目标观众进行观看。

紧跟热点提高播放量

在如今信息高速传播的时代，无时无刻都有热点信息。如果所录制的视频可以与热点话题形成一定联系，无疑会大大增加曝光量。

△ 图65

比如在录制该案例时，就可以寻找与孩子、儿童相关的各种热点。因为是给孩子使用的产品，很容易就可以和孩子相关热点搭上关联。而当时正好赶上各地小学生开始返校，也就确定了整个视频创作的大致思路。之后需要思考的，就是如何让私房钱与孩子返校产生关联。

一头一尾要精彩

短视频的一头一尾的精彩程度决定着流量的高低，因为精彩的开头能留住观众，而精彩的结尾可以让观众点赞、分享或者对视频进行评论。

在该案例中，开头通过宝爸被孩子涂得鬼脸来吸引观众，如图65所示。而结尾则利用了一个双重反转，在原本以为成功蒙混过关时，还是被宝妈发现了私房钱，但最终还是成功逃走。并且小女孩儿的表情也同观众传达着更多故事背后的隐情，如图66所示，让观众不得不进行更多联想。

广告拍摄与剪辑关键点

拍摄关键点

该案例视频的拍摄关键点在于营造宝爸向宝妈，或者宝妈向宝爸说话时，聆听的一方将作为前景出现在画面中，如图66所示，这样的构图方法有利于营造"对话感"。

剪辑关键点

该视频剪辑的关键点在于利用背景音乐及画面色彩烘托画面氛围。比如表现宝爸内心活动时采用了黑白画面，并且当宝爸紧急处理私房钱时，音乐的节奏变快，营造出紧张的氛围。这些在剪辑过程中所进行的处理都可以让视频的情节变得更精彩。

△ 图66

案例17：帮宝适纸尿裤广告投放

案例概况

甲方概况

该案例的甲方为帮宝适。投放该广告的目的是为了让更多人了解帮宝适纸尿裤柔软、亲肤、吸水量大等特点，进而增加产品销量。

乙方概况

该案例的乙方为抖音号"生活达人蒋小喵"。账号基本数据为：粉丝516.9万，单视频平均播放量13.3万。粉丝画像28.2%为男性，69.3%为女性，40.7%的粉丝年龄为31~40岁，与甲方希望触达的人群高度吻合。

广告视频概况

视频采取种草类表现手法，时长50秒。

整个视频的基调是在模仿李佳琦的直播风格，先进行产品背书，然后介绍产品的质感，再通过实际演示突出产品特点。而在产品介绍期间，与"小助理"产生互动，营造搞笑氛围，让视频更有趣。

视频上线后，获得33.6万播放量，1.1万点赞及213条评论。出色的表现得到了甲方的高度认可，如图67所示。

▲ 图67

广告内容创作关键点

将视频打造成模仿秀

为视频附加的看点越多，就越容易吸引观众。该案例视频的核心创意点就是"模仿李佳琦"卖货。观众在看这个视频时，有的是被产品所吸引，而有的则是被"模仿秀"所吸引。抱着一种"这个人模仿得像不像"的心态来观看视频。无论是抱着什么样的心态去看，只要能够提高播放量，就可以更好地完成甲方的任务。

而"模仿秀"的重点在于视频开头的几个画面，模仿得入木三分，基本上就成功了一半，从而吸引观众继续看下去。而像如图68所示的"OMG"等李佳琦常用语，自然是在视频中少不了的。

▲ 图68

在模仿中寻求变化

虽然通过模仿可以增加播放量，但如果只有模仿，看一会儿就乏味了。此时就需要寻找一定的变化，让观众对后面的内容产生兴趣。

比如在该案例中，还加入了"小助理"的戏份，但却是"让小助理换纸尿裤"的搞笑设计，如图69所示。这一情节不禁让观众感觉眼前一亮，在模仿中看到了不同，并且由于"事发突然"，所以很容易引起观众发笑。

▲ 图 69

蹭明星流量

类似模仿类的带货视频，其实思路就是"蹭明星流量"。因为只要提到他们的名字，就会吸引很多观众观看。

比如该案例中，如果单纯介绍纸尿裤，那么在原本就没有太多粉丝积累的情况下，很难获得高流量。但在以"模仿李佳琦"为噱头进行产品介绍，必然会吸引部分李佳琦的粉丝或者经常看李佳琦直播的人进行观看。另外，还可以对该视频进行"详细达人粉丝"的DOU+投放，效果往往会比较不错。

通过夸张的语气介绍产品

为了让产品显得更好用，可以采用比较夸张的语气对产品进行介绍。而夸张的语气除了增加语气助词外，还要让自己的情绪保持一种比较亢奋的状态，这样做更容易感染观众，从而引起冲动消费。

广告拍摄与剪辑关键点

拍摄关键点

因为是模仿直播的视频，所以拍摄非常简单，只需要固定手机在桌面上即可。但在演示产品特点时，需要改变拍摄角度，尽量让演示效果清晰、完整地展现出来。由于该案例中介绍的产品为白色纸尿裤。为了表现出纸尿裤的洁白感，如图70所示，可以适当增加曝光补偿。

▲ 图 70

剪辑关键点

该视频中出现了两次对纸尿裤进行试验的场景。一次是验证其卷在一起的厚度可以穿过戒指，另一次是验证其吸水量。由于验证过程往往需要一定的时间，但为了不让观众感觉枯燥、乏味，故采用了加速处理，保证了视频画面紧凑而连贯的节奏。

案例18：青桔单车广告投放

案例概况

甲方概况

该案例的甲方为青桔单车。投放该广告的目的是为了赋予青桔单车时尚感，进而吸引更多年轻人使用青桔单车出行。

乙方概况

该案例的乙方为抖音号"邻家美男团"。账号基本数据为：粉丝814.3万，单视频平均播放量338.1万。粉丝画像24.7%为男性，74.8%为女性，34.3%的粉丝年龄为0~18岁，与甲方希望触达的人群高度吻合。

广告视频概况

视频采取剧情类表现手法，时长1分19秒。

剧情大致内容为，女主冬己发现暗恋对象（尹航）成了自己的上司，并回忆起当初与暗恋对象相遇时，他正好骑了一辆青桔单车，从而起到了广告宣传的作用。而公司的老板（安总）则暗恋冬己，为后续的视频剧情奠定了基础。

视频上线后，获得2164.2万播放量，140.3万点赞及6.5万条评论。出色的表现得到了甲方的高度认可，如图71所示。

▲ 图 71

广告内容创作关键点

为产品赋予时尚感

在视频录制时，要清楚甲方希望树立的产品定位，并根据该定位确定剧情。

比如该案例中，甲方希望让自己的产品定位属于年轻、潮流、时尚这一类。因此，在剧情中，当"尹航"第一次遇见"冬己"并一见钟情时，正是骑着青桔单车。这就为产品赋予了一种年轻感。

而当"尹航"的妹妹问起怎么骑单车不开豪车时，其表示青桔单车很好看，如图72所示，并且是因为骑着它才遇见了喜欢的人，进一步赋予了单车一种浪漫与时尚。至此，青桔单车的品牌定位就深入人心了。

▲ 图 72

多次在视频中出现产品

很多剧情类的广告视频，往往会在产品出现后集中画面进行介绍。但事实上，如果可以在介绍前就先让产品亮相，然后再着重介绍，可以让观众对产品的印象更深刻。

比如该视频中，单车第一次出现时，并没有对其进行介绍。但因为出现了其特写镜头，如图73所示，所以观众心中已经对其具有一定的印象。

那么当该单车在视频中第二次出现并重点介绍时，就会有一种"这不是之前看到过的单车吗？"的感觉。根据人类大脑记忆的规律，对这种在短时间内不经意间多次看到的景物，会被记住更长时间。

演员的着装、气质要与产品风格搭配

一辆自行车的风格定位，往往与骑着它的人有很大关系。比如在该案例中，如果骑自行车的人是一位大爷，那么自然体现不出来产品年轻、时尚、潮流的定位。但当视频中的小鲜肉男主穿着自然、随性的服装骑着单车时，就与产品风格完美搭配，使观众更容易感受到青桔单车的设计感。

∧ 图73

广告拍摄与剪辑关键点

拍摄关键点

该视频中出现了多次镜头从物转移向人的画面。此类镜头是为了展示人物语言中提到的景物，从而让观众对人与物的关系有一个清晰的了解。

比如在视频中介绍到"因为你拿错包"时，镜头就从人物转移至桌上的背包，从而让观众更容易看懂剧情。

另外，视频中大量使用了第一人称镜头，从而让女主可以在不出镜的情况下拍摄完整个视频。而且第一人称镜头也有利于表现女主的心理活动，但要注意模仿人的视线进行运镜，比如奔跑下的抖镜等。

剪辑关键点

该视频的剪辑关键点在于为了让单车显得更年轻化、时尚化，凡是在单车出场的画面中，都进行了小清新风格的滤镜处理，如图74所示。这种效果可以通过直接套滤镜实现，也可以通过提高暗部，增加亮度，降低饱和度，并适当增加褪色效果实现。

∧ 图74

案例19：美的电饭煲广告投放

案例概况

甲方概况

该案例的甲方为美的。投放该广告的目的是为了介绍美的电饭煲在"煲粥"功能上的强大，促使喜欢喝粥的观众进行购买。

乙方概况

该案例的乙方为抖音号"稻草放毒"。账号基本数据为：粉丝489.2万，单视频平均播放量81.5万。粉丝画像73.2%为男性，26.8%为女性，36.1%的粉丝年龄为24~30岁，与甲方希望触达的人群高度吻合。

广告视频概况

视频采取美食教学类表现手法，时长59秒。

视频内容大致结构，先依次展示美食制作需要的原材料。然后开始演示整个制作过程，并在此过程中，使用了广告产品——美的电饭煲。最后以自己品尝美食，并全部吃完作为结尾。该视频的最大特点在于，全程没有讲解，能听到的只有烹饪过程中切菜、撒调料等发出的声音。

视频上线后，获得865.9万播放量，16.3万点赞及9747条评论。出色的表现得到了甲方的高度认可，如图75所示。

▲ 图 75

广告内容创作关键点

让观众专注于画面

为了让观众将更多的注意力集中在画面上，该视频采用了一种相对极端的方法，而这种极端的方法也是"稻草放毒"抖音号的特点所在——视频中没有任何语音，只有美食制作过程中切菜、放调料、上菜时盘子与桌子的碰撞等声音。

所以，其视频给人一种安静、淡然之感，让观众可以全身心地投入到对食材及制作方法的感知上，确实呈现出了与众不同的、学习美食制作的体验。正因为没有语音讲解，所以观众会注意到画面中的每一个细节。比如最后撒在粥上的葱花，如图76所示，以及碾碎食材或者取虾油等操作。而且，在减少声音从而提高视觉感知的情况下，当看到那碗粥时，似乎感觉更美味了。

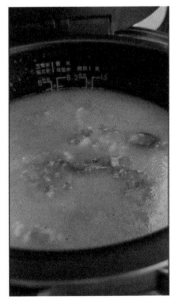

▲ 图 76

让声音成为点睛之笔

该视频中虽然没有讲解和背景音乐的声音，但却在制作过程中会出现了烹饪的声音。当声音的数量更少后，仅剩的声音则成为视频的点睛之笔，不会因完全无声而带来一种死寂感。

而且笔者发现，当视频中仅剩烹饪这种声音后，视频的格调似乎被提高了。菜品的制作似乎不仅仅是为了填饱肚子，而上升到了一种对生活的享受。当烹饪回归到烹饪本身，会让那些真正爱好美食的人感受到一种强烈的满足感。而当产品出现在这种偏向于"烹饪艺术"的视频中时，其本身的价值也在无形之中被提高了。

在介绍产品时出现画面节奏的变化

该案例视频各个画面的节奏非常紧凑，这也是短视频所具有的共同特点。但当产品展示在画面中时，视频的节奏明显变慢了，如图77所示。这种节奏的变化会让产品在视频中更突出，并给观众更多的时间去"审视"其是否符合自己的需求。

同时，在展示产品时的画面节奏变慢，也会给观众一种心理暗示——这个产品对于制作美味的食品而言至关重要。从而让观众自然地对其感到认可，进而更大概率会产生购买行为。

用品尝展示美食的可口

为了进一步刺激各位观众的食欲，并突出美食的可口，美食教学类视频往往在结尾部分会展示吃完所有食物的画面。在品尝时，当然要做出享受的表情，更好地激发出观众对美味的联想。

在该视频中，创作者在开始享受美食前，还通过多个镜头表现了美食的装盘，配菜的选择，以及整体餐桌的布置，进一步提升了食物的格调，让观众享受其中。

▲ 图77

广告拍摄与剪辑关键点

拍摄关键点

该视频拍摄的重点在于对声音的处理。务必要保证拍摄环境足够安静，才能让剪食材，如图78所示，以及放调料这种细微的声音依然保持清晰。另外，如果实际拍摄过程中发现这类摄影无法很好地加以表现，可以通过特意拿近手机，录制一段相同的声音，然后通过后期配音。

剪辑关键点

该案例视频的剪辑并没有难点，但要注意节奏的把控。无论是展示烹饪原材料，还是制作完成后的摆盘，画面所呈现的节奏都具有一定的规律性，从而提高视频观感。

▲ 图78

案例20：王饱饱麦片广告投放

案例概况

甲方概况

该案例的甲方为王饱饱麦片。投放该广告的目的是为了介绍该麦片的口味和吃法，并让更多人知道这款麦片多么美味，进而提高销量。

乙方概况

该案例的乙方为抖音号"魔女月野"。账号基本数据为：粉丝1870.3万，单视频平均播放量1805万。粉丝画像26.3%为男性，73.3%为女性，粉丝年龄为0~18岁和31~40岁人群各占30%、33.7%，与甲方希望触达的人群高度吻合。

广告视频概况

视频采取剧情类表现手法，时长56秒。

大致剧情为，学长为了追求新来的转校生，特意请大家吃早餐。而早餐就是需要宣传的产品——王饱饱麦片。但其他女生都是直接一包麦片，而转校生则是泡好的一杯麦片，以此表现学长的"心意"。

视频上线后，获得2464.2万播放量，147.2万点赞及6362条评论。出色的表现得到了甲方的高度认可，如图79所示。

▲ 图79

广告内容创作关键点

巧妙利用剧情展现产品的不同吃法

对于食品类产品，如果有展现不同吃法的需求，为了避免介绍过程太过生硬，最好能将其融入剧情中进行表现。

比如在该案例中，为了表现王饱饱麦片既可以"开袋即食"，也可以泡牛奶食用，故而设计了学长为追求转校生，费心地为其用牛奶冲泡了麦片，如图80所示，与其他女生"开袋即食"相比，明显属于特殊对待的剧情。从而间接地表现出了麦片可以"两吃"，并且最好是与牛奶搭配食用的特点。

▲ 图80

让产品贯穿整个视频

产品在视频中的曝光率其实非常重要。与只在视频中的某一部分集中展现产品相比，如果从视频开始到结束，都插入部分产品画面，那么在抖音短视频完播率普遍不高的情况下，就更容易让观众注意到产品，从而提高有效播放量。

比如在该案例中，从视频开头，就插入了女主和朋友闲聊时吃麦片的画面，如图81所示。而在视频中间及结束部分，更是围绕麦片进行情节展开，以至于产品自然地在视频开始、中间及结尾都有所展示。

▲ 图 81

不经意间的美味最能打动人

在拍摄任何视频时，反差都是突出重点的有效手段，在录制美食宣传类视频时也不例外。所以不要在视频中一直宣传多么好吃，多么可口，那样反而容易让观众感到厌倦。可以先表现出一种不相信食品会有多好吃的样子，然后再用惊讶的表情来突出美食对味蕾的冲击。

比如在该案例中，女主在接过冲泡好的麦片后，只是很自然地尝了一口。但随后吃惊的表情及兴奋的情绪表现，如图82所示，让观众不禁想象这个麦片到底有多好吃，以至于女主有这么强烈的反应。

▲ 图 82

广告拍摄与剪辑关键点

拍摄关键点

为了在表现美食时避免画面死板，可以让美食"动起来"。在该案例中，就有往杯子中倒入麦片，从而动态地表现产品的镜头。在拍摄此类画面时，要在产品散落的方向上留有一定的空间，从而让其完整地出现在画面。

剪辑关键点

该视频的结尾处出现了一个画面同时展示两个场景的情况，如图83所示。这需要利用剪映中的"画中画"功能来实现，并且可以任意调整两个画面的大小。

需要强调的是，在剪辑时要注意一个画面上下两部分要彼此有所呼应，这样才能体现出相同时间、不同空间的视觉感受。

▲ 图 83

案例21: 樱花面膜广告投放

案例概况

甲方概况

该案例的甲方为樱花面膜。投放该广告的目的是为了宣传樱花面膜，让更多人了解其敏感肌可用，无任何刺激成分的特点，进而提高销量。

乙方概况

该案例的乙方为抖音号"毛光光"。账号基本数据为：粉丝1486.4万，单视频平均播放量1217.1万。粉丝画像14.1%为男性，85.5%为女性，粉丝年龄均匀分布在18~23岁、24~30岁和31~40岁这3个年龄段，与甲方希望触达的人群高度吻合。

广告视频概况

视频采取剧情类表现手法，时长1分钟。大致剧情为，吴桂芳已经下班打卡并准备接孩子放学，但就在此时，一位贵妇到店并指名吴桂芳来做面部护理。进退两难的吴桂芳只好硬着头皮开始工作，并在此时介绍产品。当贵妇知道吴桂芳着急接孩子时，故打电话让其司机去接。

视频上线后，获得6057.5万播放量、214.6万点赞及6.7万条评论，8小时内销售额达40万。出色的表现得到了甲方的高度认可，如图84所示。

△ 图 84

广告内容创作关键点

选择目标群体能感同身受的场景拍摄

在面膜的目前群体中，相当一部分是有了孩子的妈妈。因此当视频中出现"着急接孩子，又突然临时有事情要去忙"的场景时，就很容易进入到视频中的角色，并好奇最终是如何解决"接孩子"还是"做工作"这个两难的问题的，间接提高完播率。

"特殊造型"引关注

视频中的"女主"吴桂芳明显是反串出演，再加上夸张的妆容，如图85所示，很容易就会吸引观众的注意。当然，为了与特殊造型相匹配，此类视频大多为搞笑类。

在该案例中，除了造型特殊外，吴桂芳的表情也总是比较夸张，既营造了搞笑的风格，又与其他搞笑类视频形成差异化，进而提高粉丝黏性。

△ 图 85

用温情感染观众

一个能够广泛传播的广告类视频，一定不是仅仅因为产品出众，更多的是因为视频内容得到了大家的认可，并愿意点赞、转发和评论。

在该案例中，贵妇在得知吴桂芳着急接孩子后，立刻给司机打了个电话，让其帮忙接孩子。这种充满温情的举动很容易使观众感动。再加上贵妇从视频一开始就显得比较冷漠，如图86所示，当其出现充满人情味儿的举动后，也与视频前半段，其在观众心中塑造的形象形成了反差，从而将这种正能量的情绪进一步放大。

▲ 图 86

将关键数字融入剧情中

在介绍像面膜等功能性护肤品时，突出一些数字可以让其功效更加深入人心。但如果单纯地摆数字，未免太过生硬。如果可以使数字在剧情中起到作用，那么往往会提高观众对产品的认可度。

比如在该案例中，介绍产品时提到了"敷40分钟也不会感觉到刺激"，本以为就是随口一提。但面膜敷上后，吴桂芳想趁敷面膜这40分钟去接孩子，所以对客户说了一句"40分钟后再回来"，如图87所示，从而巧妙地将产品特性与剧情有机结合了起来。

▲ 图 87

广告拍摄与剪辑关键点

拍摄关键点

为了让视频具有较强的代入感，在拍摄时要布置好场景，使其看起来像是在美容院。另外，在取景时要避免穿帮，只出现布置好的，模仿美容院的场景，如图88所示。

剪辑关键点

该视频的剪辑关键点在于同一个画面，当演员做动作时，甚至是出现一个眼神时，都会出现景别的变化。而且由于其景别变化与动作是有关联的，所以不会感觉到节奏混乱。

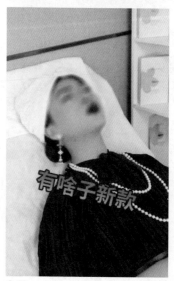

▲ 图 88

案例22：滴滴出行App广告投放

案例概况

甲方概况

该案例的甲方为滴滴出行App。投放该广告的目的是为了宣传滴滴出行App，并突出其"自动行程分享"这一既有助于确保出行安全，有充满"人情味儿"的功能，达到提升用户数量的目的。

乙方概况

该案例的乙方为抖音号"浩杰来了"。账号基本数据为：粉丝755.4万，单视频平均播放量1079.6万。粉丝画像17.9%为男性，81.9%为女性，26.8%的粉丝年龄分布在18~23岁，与甲方希望触达的人群高度吻合。

广告视频概况

视频采取剧情类表现手法，时长2分18秒。

大致剧情为，异地恋的一对情侣，女友准备和男友一起跨年，但男友因为有事回不去。

女孩儿表示理解男友，并且为了不让男友担心，在上了一辆滴滴后，还谎称是和朋友一起唱KTV。但当女孩儿下车后，却发现男友站在其面前。而男友之所以知道她要去哪儿，正是因为设置了滴滴的"自动分享行程"功能，进而开始产品介绍。

视频上线后，获得2239.3万播放量，113.1万点赞及3.2万条评论。出色的表现得到了甲方的高度认可，如图89所示。

▲ 图89

广告内容创作关键点

深挖节日中的细分话题

虽然节日是一个显而易见的热点，但不是只要跟节日挂钩的视频就能成为爆款。还需要深挖节日热点下的细分话题，从而对观众形成准确"打击"。

该案例与"元旦"这一节日相关，并且选择了过"跨年夜"时，很多异地恋情侣无法相见的细分话题，如图90所示。当细分话题确定后，就可以开始构思具体的剧情。这样制作出的视频目标明确，剧情也会更紧凑，势必会吸引到某一特定群体，也就具备了成为爆款的基本要素。

▲ 图90

为产品功能赋予"情感"

产品也好，功能也罢，都是冷冰冰的。而如果可以通过剧情为产品或者功能赋予情感，也就是所谓的"产品赋能"，则可以大大提升观众对其认同度。

在该视频中，其实通过女主乘坐"滴滴"这一行为，就已经达到了产品露出的目的，起到了一定的宣传效果。而难能可贵的是，当男主解释为何知道女主位置时，强调了当初设置"自动分享行程"功能是为了以这种方式"陪在你身边"，如图91所示，瞬间让这个功能充满了温情，也极大地提升了观众对"滴滴"这款App的好感。

▲ 图 91

利用细节感动观众

虽然短视频的时长比较短，但这并不妨碍在视频中加入很多细节。当细节足够多时，视频的代入感就会越强，观众就会更深地沉浸在视频中。进而在视频结束后，会大概率得进行点赞、转发或者评论。

在该案例中，为了让"异地恋"引起观众的共鸣，其中的细节包括女主骗男主和闺蜜唱歌，以及让司机师傅调大音乐声模仿KTV的环境，如图92所示，包括在看到男主时，说的一连串"你知不知道……"。当这些细节堆叠在一起时，相信很多观众都因为完全投入进剧情中而眼含热泪。

广告拍摄与剪辑关键点

拍摄关键点

在夜间车内拍摄的那段画面，为了让人物的亮度正常，需要将车内的灯光打开，并最好使用单反或者微单等拥有不错高感的机型拍摄，从而得到较高画质的视频。需要注意的是，为了满足录制视频时的快门速度，不要不敢提高感光度。考虑到女主在车内面部的受光情况，在拍摄时应该加入了额外的人工光，否则面部亮度不会如此均匀。

▲ 图 92

剪辑关键点

该视频剪辑的关键点在于对各种声音的处理。这其中包括背景音乐，正常说话的人声，回忆时的人声，以及转场时的音效等。当有人说话时，背景音乐就要小一些；当表现回忆时的人声时，声音就要显得"空旷"一些；当出现特殊的转场效果时，也需要配合音效让视频的转场效果更自然。

案例23：美宝莲粉底液广告投放

案例概况

甲方概况

该案例的甲方为美宝莲。投放该广告的目的是为了宣传美宝莲粉底液，并突出其不易脱妆的特点，达到提升销量的目的。

乙方概况

该案例的乙方为抖音号"广式老吴"。账号基本数据为：粉丝283.7万，单视频平均播放量293.6万。粉丝画像12.2%为男性，87.2%为女性，39.3%的粉丝年龄分布在18~23岁，与甲方希望触达的人群高度吻合。

广告视频概况

视频采取种草类表现手法，时长1分55秒。

内容结构大致为，首先以自己找代购购买该产品被骗作为引入，然后开始介绍该产品的特点、色号及痘痘肌的使用效果。最后完成介绍时，也通过该产品打底完成，展示出了使用前后的对比效果。

视频上线后，获得2156.8万播放量，46.1万点赞及5422条评论，销售额达到32万元。出色的表现得到了甲方的高度认可，如图93所示。

▲ 图93

广告内容创作关键点

以"劲爆"话题作为引入

为了让视频瞬间抓住观众，可以在刚开始就抛出一些比较"劲爆"的话题，比如该视频就是以"代购被骗"作为引入，勾起了很多观众的好奇心，进而继续观看视频。

同时，这种亲身经历的，与产品相关的事件，还可以大大增加观众评论的可能性。因为有相同遭遇的，或者正在从事代购行业的，大概率在看完视频后会聊一下自己的看法及对视频创作者的建议，如图94所示。

▲ 图94

在介绍的同时使用产品

对于像粉底液这类功能性的化妆品，最终能够让观众决定购买的就是其效果。但如果单纯地将使用前后的效果用两张图表现出来，一是很难让观众相信其真实性，二是仅仅通过前后对比图，给观众的视觉冲击力不够强，而且一张图片的显示时间不会很长，也就无法持续激发观众的购买欲。

而在该案例中，内容创作者从开始介绍产品时就在使用产品进行化妆，观众一边听着介绍过程，一边看着化妆过程。当产品介绍完后，观众也看到了该产品是如何让内容创作者的容颜一点点发生变化的。一旦观众对最终效果感到满意，就自然会有强烈的购买欲望。

视频开始时，内容创作者的面部状态和视频结束时的面部状态对比如图95所示。

△ 图 95

利用肢体语言辅助表达

类似的口播种草类带货视频，如果真的只靠一张嘴去说，很容易显得单调、乏味。所以，肢体语言在视频中的运用就显得尤为重要。

在该视频中，内容创作者有很多比较夸张的动作，比如图96所示即为其在描述粉底液不易掉妆时做出的动作。

△ 图 96

广告拍摄与剪辑关键点

拍摄关键点

该视频拍摄的关键点在于内容创作者的着装比较清凉，所以要注意取景范围的控制。在拍摄前，先确定机位，然后确定人物位置，并在整个录制过程中保持不变。当然，在拍摄过程中靠近镜头是没有问题的。

剪辑关键点

在该视频中出现了两次前后对比画面。在后期剪辑时，要先将这两张照片通过画中画并排放置，然后使其显示相同的时长即可。也可以通过图片软件，在剪辑前将这两张照片拼成一张，再直接插入到视频轨道中。

案例24：欧莱雅眼霜广告投放

案例概况

甲方概况

该案例的甲方为欧莱雅。投放该广告的目的是为了宣传欧莱雅眼霜，让更多人了解其对眼部肌肤护理的作用，进而提升销量。

乙方概况

该案例的乙方为抖音号"魔女月野"。账号基本数据为：粉丝1889.2万，单视频平均播放量2002.3万。粉丝画像26.4%为男性，73.2%为女性，33.7%的粉丝年龄分布在31~40岁，与甲方希望触达的人群高度吻合。

广告视频概况

视频采取剧情类表现手法，时长1分25秒。

大致剧情为，女主努力工作，希望用挣来的钱可以和男友过上幸福的生活。但却发现男友用自己的钱讨别的女人欢心，所以心情低落，时常哭泣。但因为熬夜、加班，没有怠慢工作，因此获得领导赏识。并在晋升时，收到了领导送其的礼物——欧莱雅眼霜，进而引入广告。

视频上线后，获得2864.9万播放量，164.2万点赞及5910条评论。出色的表现得到了甲方的高度认可，如图97所示。

△ 图 97

广告内容创作关键点

通过剧情为产品的出现做铺垫

虽然剧情类广告最终都会让产品自然地出现，但能够做到多次埋下伏笔，为产品出现做铺垫的短视频则不多。

而在该视频中，产品的出现并不是"领导送给下属的升职礼物"这么简单，而是在之前的剧情中就通过女主因为渣男时长哭泣及经常熬夜加班埋下了伏笔，如图98所示，侧面表明其眼部状态不会很好。所以当领导送给女主欧莱雅眼霜时，才会更加顺理成章，并且直击有相同经历女性的痛点，对提高转化很有帮助。

△ 图 98

针对目标群体进行剧情设计

在进行剧情设计之前，首先要明确产品的目标群体，然后再根据目标群体进行剧情设计，从而让视频在目标群体中进行传播，间接提高订单转化量。

以该案例为例，眼霜产品的主要使用群体是熬夜党、白领及抗初老人群，也就是具有一定消费能力、偏成熟的女性。而对于这类女性而言，有一个经久不衰的话题——渣男，所以就定下了视频的主题。

而对于细节设定，比如熬夜加班的情节，则同样是为了抓住此类人群的共性，提高代入感，从而产生对该产品的需求心理。

让产品成为剧情的转折点

通常而言，在剧情类视频中，产品往往只是在某个环节出现，对剧情不会有什么影响。但如果想让宣传效果更好，让产品对剧情产生影响是一种常用方法。

当然，产品对剧情产生影响的逻辑可以不那么严格，只要有关联就可以。比如在该案例中，使用了眼霜产品后，女主神采奕奕，其汇报也得到了很多同事的认可，如图99所示。成功的原因中，自然有眼霜让女主的形象看起来更好这一条，但其实只占很小的比重。可即便这样也没有关系，因为其突出了产品的作用，为产品赋予了一定的社会价值，没有人会在广告类视频的剧情上钻牛角尖。

▲ 图 99

广告拍摄与剪辑关键点

拍摄关键点

在该视频中存在弱光环境下拍摄具有一定明暗对比的画面镜头，如图100所示。此类画面在拍摄时需要仔细调节曝光补偿，尽量确保亮部和暗部均有细节。如果手机或者相机的动态范围不够，则要优先保证画面中的人物是有细节的。同时注意，既然拍摄的是弱光环境，就要让画面呈现出低调或者中低调，否则就没有了"弱光"的感觉。

剪辑关键点

该案例在剧情上对产品的铺垫是其亮点之一。因此在介绍产品的作用时，为了不让之前的铺垫被埋没，可以再让哭泣和熬夜的片段出现一次，突出视频情节设计的独到之处，并且也能够再一次击中观众痛点，提高转化。

▲ 图 100

光线摄影